СВЯТИТЕЛЬ ВАСИЛИЙ ВЕЛИКИЙ

БЕСЕДЫ НА ПСАЛМЫ

ORTHODOX LOGOS PUBLISHING

БЕСЕДЫ НА ПСАЛМЫ

святитель Василий Великий

Икона на обложке книги:
«Василий Великий», *Неизвестный автор*

© 2024, Orthodox Logos Publishing, The Netherlands

www.orthodoxlogos.com

ISBN: 978-1-80484-184-6

This book is in copyright. No part of this publication may
be reproduced, stored in a retrieval system or transmitted in any form or
by any means without the prior permission in writing of
the publisher, nor be otherwise circulated in any form of binding
or cover other than that in which it is published without a similar
condition, including this condition, being imposed
on the subsequent purchaser.

СВЯТИТЕЛЬ ВАСИЛИЙ ВЕЛИКИЙ

БЕСЕДЫ НА ПСАЛМЫ

ORTHODOX LOGOS PUBLISHING

СОДЕРЖАНИЕ

Вступление 7

Беседа на первую часть 1-го псалма 9
Беседа на псалом 7-й 22
Беседа первая на псалом 14-й 37
Беседа на окончание 14-го псалма
и на ростовщиков 46
Беседа на псалом 28-й 57
Беседа на псалом 29-й 74
Беседа на псалом 32-й 86
Беседа на псалом 33-й 104
Беседа на псалом 37-й 129
Беседа на псалом 44-й 144
Беседа на псалом 45-й 163
Беседа на псалом 48-й 174
Беседа на псалом 59-й 193
Беседа на псалом 61-й 200
Беседа на псалом 114-й 210
Беседа на псалом 115-й 218
Беседа на псалом 132-й 227
Примечания 229

Биография: Святитель Василий Великий 233

ВСТУПЛЕНИЕ

«Беседы на псалмы» святителя Василия Великого – это уникальный труд, который остаётся живым источником духовного наставления для верующих. Псалтирь всегда занимала особое место в христианской традиции как книга, в которой заключены глубочайшие молитвы и откровения о Боге. Святитель Василий, обладая глубоким богословским знанием и практическим духовным опытом, предлагает читателям понять и пережить псалмы в их полноте.

Псалтирь, состоящая из 150 псалмов, представляет собой молитвенную и духовную энциклопедию. Это песни, в которых выражены все человеческие чувства: радость, печаль, надежда, благодарность, раскаяние и вера. Василий Великий показывает, как псалмы могут быть не только чтением, но и живым обращением к Богу, наполненным смыслом и вдохновением. Он толкует каждый псалом с точки зрения духовного пути, объясняя, как через молитву и покаяние человек может приблизиться к Богу.

В своём труде святитель уделяет внимание духовным урокам, заключённым в Псалтири. Он учит, что псалмы обладают огромной силой и способны утешить сердце, очистить душу и направить мысли к Божественному. Василий объясняет, что псалмы помогают нам понять волю Божью, дают нам силу преодолевать грехи и укрепляют в вере. Он рассматривает Псалтирь как источник духовного озарения, который способен наставить человека на путь праведности.

Эти беседы — не просто комментарии, а руководство для духовной жизни, которое актуально и в наши дни. Василий Великий показывает, что через псалмы можно обрести внутренний мир и радость, научиться благодарить Бога и просить Его о помощи. Он учит, что псалмы нужно читать не механически, а с глубоким чувством и пониманием, чтобы они становились частью нашего сердца и ума.

Святитель подчёркивает, что Псалтирь является всеобъемлющей книгой, которая поднимает душу человека к Богу. «Беседы на псалмы» помогают верующим осознать, что каждый псалом — это не просто текст, а живая молитва, обращённая к Небесному Отцу. Василий объясняет, как каждое слово Псалтири несёт духовную силу, способную преобразить нашу жизнь. Эти беседы остаются актуальными на протяжении веков, продолжая вдохновлять и укреплять верующих.

БЕСЕДА НА ПЕРВУЮ ЧАСТЬ 1-ГО ПСАЛМА

«Всяко Писание богодухновенно и полезно есть» (2Тим.3:16), для того написано оно Духом Святым, чтобы в нем, как в общей врачебнице душ, все мы, человеки, находили врачевство – каждый от собственного своего недуга. Ибо сказано: *«Изцеление утолит грехи велики»* (Еккл.10:4). Но иному учат Пророки, иному бытописатели; в одном наставляет закон, а в другом – предложенное в виде приточного увещания; книга же псалмов объемлет в себе полезное из всех книг. Она пророчествует о будущем, приводит на память события, дает законы для жизни, предлагает правила для деятельности. Короче сказать, она есть общая сокровищница добрых учений и тщательно отыскивает, что каждому на пользу. Она врачует и застарелые раны души, и недавно уязвленному подает скорое исцеление, и болезненное восстановляет, и неповрежденное поддерживает; вообще же, сколько можно, истребляет страсти, какие в жизни человеческой под разными видами господствуют над душами. И при сем производит она в человеке какое-то тихое услаждение и удовольствие, которое делает рассудок целомудренным.

Дух Святый знал, что трудно вести род человеческий к добродетели и что, по склонности к удовольствию, мы не радеем о правом пути. Итак, что же Он делает? К учениям примешивает приятность сладкопения, чтобы вместе с усладительным и благозвучным для слуха принимали мы неприметным образом и то, что есть полезного в слове. Так и мудрые врачи, давая пить горькое лекарство имеющим к нему отвращение, нередко обмазывают чашу медом. На сей-то случай и изобретены для нас сии стройные песнопения псалмов, чтобы и дети возрастом или вообще не возмужавшие нравами по видимому только пели их, а в действительности обучали свои души. Едва ли кто из простолюдинов, особливо нерадивых, пойдет отсюда, удобно удержав в памяти апостольскую и пророческую заповедь, а стихи из псалмов и в домах поют, и на торжищах возглашают. И если бы кто, как зверь, рассвирепел от гнева, – как скоро усладится слух его псалмом, пойдет прочь, немедленно укротив в себе свирепость души сладкопением.

Псалом – тишина душ, раздаятель мира; он утишает мятежные и волнующиеся помыслы; он смягчает раздражительность души и уцеломудривает невоздержность. Псалом – посредник дружбы, единение между далекими, примирение враждующих. Ибо кто может почитать еще врагом того, с кем возносил единый глас к Богу? Посему псалмопение доставляет нам одно из величайших благ – любовь, – изобретя совокупное пение вместо узла к единению и сводя людей в один согласный лик.

Псалом – убежище от демонов, вступление под защиту Ангелов, оружие в ночных страхованиях, упокоение от дневных трудов, безопасность для младенцев, украшение в цветущем возрасте, утешение старцам, самое приличное убранство для жен.

Псалом населяет пустыни, уцеломудривает торжища. Для нововступающих это начатки учения, для преуспевающих – приращение ве́дения, для совершенных – утверждение; это глас Церкви. Он делает празднества светлыми, он производит *печаль, яже по Бозе* (2Кор.7:10). Ибо псалом и из каменного сердца вынуждает слезы. Псалом – занятие Ангелов, небесное сожительство, духовный фимиам. Это – мудрое изобретение Учителя, устроившего, чтобы мы пели и вместе учились полезному. От сего и уроки лучше напечатлеваются в душах. Ибо с принуждением выучиваемое не остается в нас надолго, а что с удовольствием и приятностью принято, то в душах укореняется тверже.

Чему же не научишься из псалмов? Не познаешь ли отсюда величие мужества, строгость справедливости, честность целомудрия, совершенство благоразумия, образ покаяния, меру терпения и всякое из благ, какое не наименуешь? Здесь есть совершенное богословие, предречение о пришествии Христовом во плоти, угроза судом, надежда воскресения, страх наказания, обетования славы, откровения Таинств. Все, как бы в великой и общей сокровищнице, собрано в книге псалмов, которые из многих музыкальных орудий Пророк приспособил к так называемому псалтирю, давая тем, как кажется мне, разуметь, что в нем издает гласы благодать, подаваемая свыше – от Духа, потому что в этом одном из музыкальных орудий источник звуков находится вверху. В цитре и в литавре внизу звучит медь под смычком, а псалтирь источник гармонических ладов имеет вверху, чтобы и мы заботились искать Горнего, приятностью пения не увлекались в плотские страсти. Притом пророческое слово, как думаю, глубокомысленно и премудро, самым устройством сего орудия показало нам, что люди с прекрасною и благонастроенною душою удобно могут восходить к Горнему.

После сего рассмотрим и начало псалмов.

(1) *«Блажен муж, иже не иде на совет нечестивых»*. Строители домов, возводя в высоту огромные здания, и основания полагают соразмерно высоте. И кораблестроители, приготовляя корабль к поднятию больших грузов,

укрепляют подводную часть, соображаясь с тяжестью нагружаемых товаров. И при рождении животных сердце, которое естественно образуется прежде всего, получает от природы устройство, приличное будущему животному, почему телесная ткань образуется вокруг сердца соразмерно собственным началам, и отсюда происходят различия в величине животных.

Но что значат основание в доме, подводная часть в корабле и сердце в теле животного, такую же силу, кажется мне, имеет и это краткое предисловие в отношении к целому составу псалмов. Поскольку псалмопевец, с продолжением слова, намерен увещевать ко многому такому, что трудно и исполнено бесчисленных подвигов и усилий, то он подвижникам благочестия предварительно указывает на блаженный конец, чтобы мы в чаянии уготованных нам благ беспечально переносили скорби настоящей жизни. Так и для путешественников, идущих по негладкому и неудобопроходимому пути, облегчается труд ожидаемым ими удобным пристанищем, и купцов отважно пускаться в море заставляет желание приобрести товары, и для земледельцев делает неприметными труды надежда плодородия. Посему и общий Наставник в жизни, Великий Учитель, Дух Истины премудро и благоискусно предложил наперед награды, чтобы мы, простирая взор далее тех трудов, которые под руками, поспешили мыслью насладиться вечными благами.

«Блажен муж, иже не иде на совет нечестивых». Итак, есть истинное благо, которое в собственном и первоначальном смысле дóлжно назвать блаженным; и это есть Бог. Почему и Павел, намереваясь упомянуть о Христе, говорит: *«По благовестию славы блаженнаго Бога»* (1Тим.1:11); *«ждуще блаженнаго упования и явления славы великаго Бога и Спаса нашего Иисуса Христа»*

(Тит. 2, 13). Ибо подлинно блаженно сие Источное Добро, к Которому все обращено, Которого все желает, сие неизменяемое Естество, сие владычественное Достоинство, сия безмятежная Жизнь, сие беспечальное Состояние, в Котором нет перемен, Которого не касаются превратности, сей приснотекущий Источник, сия неоскудевающая Благодать, сие неистощимое Сокровище.

Но невежественные люди и миролюбцы, не зная природы самого добра, часто называют блаженным то, что не имеет никакой цены: богатство, здравие, блистательную жизнь – все, что по природе своей не есть добро, потому что не только удобно изменяется в противоположное, но и обладателей своих не может сделать добрыми. Ибо кого сделало справедливым богатство или целомудренным здоровье! Напротив того, каждый из сих даров злоупотребляющему им часто способствует ко греху. Посему блажен, кто приобрел достойное большей цены, кто стал причастным благ неотъемлемых. Но по чему узнаем о нем сие? Это тот, *«иже не иде на совет нечестивых»*.

И прежде нежели скажу, что значит не идти на совет нечестивых, намерен я решить для вас вопрос, здесь представляющийся. Спросите: для чего Пророк берет одного мужа и его называет блаженным? Ужели из числа блаженных исключил он жен? Нет, одна добродетель для мужа и жены, как и творение обоих равночестно, а потому и награда обоим одинакова. Слушай, что сказано в книге Бытия: *«И сотвори Бог человека, по образу Божию сотвори его: мужа и жену сотвори их»* (Быт. 1, 27). Но в ком природа одна, у тех и действования те же, а чьи дела равны, для тех и награда та же. Итак, почему же псалмопевец, упомянув о муже, умолчал о жене? Потому что при единстве естества почитал достаточным для обозначения целого указать на преимущественное в роде.

Посему *«блажен муж, иже не иде на совет нечестивых»*. Смотри, какая точность в словах и скольких каждое речение исполнено мыслей. Не сказал: «Иже не ходит на совет нечестивых», но: *«Иже не иде»*. Кто еще в живых, того нельзя назвать блаженным, по неизвестности окончания его жизни, но кто исполнил возложенные на него обязанности и заключил жизнь неукоризненным концом, того безопасно уже можно назвать блаженным. Почему же *«блажени... ходящии в законе Господни»* (Пс. 118,1)? Здесь Писание называет блаженными не ходивших, но еще ходящих в законе. Это потому, что делающие добро за самое дело достойны одобрения, а избегающие зла заслуживают похвалу не тогда, как они раз или два уклонятся от греха, но тогда, как возмогут навсегда избежать искушения во зле.

Но по связи понятий открывается нам и другое затруднение. Почему псалмопевец называет блаженным не преуспевающего в добродетели, но не соделавшего греха? В таком случае и конь, и вол, и камень могли бы назваться блаженными. Ибо какое неодушевленное существо стояло *«на пути грешных»*? Или какое бессловесное сидело *«на седалищи губителей»*? Но потерпи немного, и найдешь врачевство. Пророк присовокупляет: *«Но в законе Господни воля его»* (Пс. 1, 2). Поучение же в законе Божием принадлежит только разумному существу. А мы скажем и то, что начало к усвоению доброго есть удаление от злого. Ибо сказано: *«Уклонися от зла, и сотвори благо»* (Пс. 36, 27).

Итак, премудро и благоискусно приводя нас к добродетели, псалмопевец удаление от греха положил началом добрых дел. А если бы он вдруг потребовал от тебя совершенства, то, может быть, ты и замедлил бы приступить к делу. Теперь же приучает тебя к более удобоприступному, чтобы ты смелее взялся за прочее. И я сказал бы, что упражнение в добродетели уподобляется лествице, той именно лествице, которую видел некогда блаженный Иаков, одна часть которой была близка к земле и касалась ее, а другая простиралась даже выше самого Неба. Посему вступающие в добродетельную жизнь должны сперва утвердить стопы на первых ступенях и с них непрестанно восходить выше и выше, пока, наконец, через постепенное преспеяние не взойдут на возможную для человеческого естества высоту. Посему как первоначальное восхождение по лествице есть удаление от земли, так и в жизни по Богу удаление от зла есть начало преспеяния.

Вообще же, всякое бездействие гораздо легче какого бы то ни было дела. Например, *«не убий, не прелюбы сотвори, не укради»* (Исх. 20, 13–15); каждая из сих заповедей требует только бездействия и неподвижности. *«Возлюбиши искренняго твоего яко сам себе»* (Мф. 19,19); *«продаждь имение твое и даждь нищим»* (Мф.19, 21); *«аще кто тя поймет по силе поприще едино, иди с ним два»* (Мф. 5, 41) – вот уже действия, приличные подвижникам, и к совершению их потребна уже душа мужественная. Посему подивись мудрости того, кто чрез более легкое и удобоприступное ведет нас к совершенству.

Псалмопевец предложил нам три условия, требующие соблюдения: не ходить *«на совет нечестивых»*, не стоять *«на пути грешных»*, не сидеть *«на седалищи губителей»*. Следуя естественному ходу дел, он внес этот порядок и в сказанное им. Ибо сперва начинаем обдумывать намерение, потом подкрепляем его, а после того утверждаемся в обдуманном. Посему первоначально должно назвать блаженною чистоту наших помышлений, потому что корень телесных действий составляют сердечные совещания. Так, любодеяние воспламеняется сперва в душе сластолюбца, а потом производит телесное растление. Посему и Господь говорит, что внутри человека оскверняющее его (см.: Мф. 15, 18). Поскольку же грех против Бога называется в собственном смысле нечестием, то никогда не допустим в себе сомнений о Боге по неверию. Ибо значит уже пойти *«на совет нечестивых»*, ежели скажешь в сердце своем: «Есть ли Бог, всем управляющий? Есть ли Бог, на Небе распоряжающийся всем порознь? Есть ли суд? Есть ли воздаяние каждому по делам его? Для чего праведные живут в нищете, а грешные богатеют? Одни немощны, а другие наслаждаются здравием? Одни бесчестны, а другие славны? Не самослучайно ли движется мир? И не случай ли неразумный без всякого порядка распределяет каждому жребий жизни?» – Если так помыслил ты, то пошел *«на совет нечестивых»*. Посему блажен, кто не дал в себе места сомнению о Боге, кто не впал в малодушие при виде настоящего, но ожидает чаемого, кто о Создавшем нас не возымел недоверчивой мысли.

Блажен и тот, кто не стал *«на пути грешных»*. Путем называется жизнь, потому что каждый из рожденных поспешает к концу.

Как сидящие на корабле без всякого усилия несутся ветром к пристани, и хотя сами того не чувствуют, однако же бег корабля приближает их к цели, так и мы с протекающим временем жизни нашей, как бы некоторым непрерывным и непрестанным движением в незаметном течении жизни, увлекаемся каждый к своему пределу. Например, ты спишь, а время утекает от тебя. Ты бодрствуешь, и мысль твоя занята, но вместе и жизнь тратится, хотя и убегает это от нашего чувства. Все мы, человеки, бежим по какому-то поприщу, и каждый из нас спешит к своей цели, поэтому все мы в пути. И таким образом можешь составить себе понятие о сем пути. Ты путник в этой жизни, все проходишь мимо, все остается позади тебя: видишь на пути растение или траву, или воду, или другое что, достойное твоего зрения, полюбовался недолго и пошел дальше. Опять встречаешь камни, пропасти, утесы, скалы, пни, а иногда зверей, пресмыкающихся гадов, терние или иное что, неприятное, поскорбел недолго и потом оставил.

Такова жизнь, она не имеет ни удовольствий постоянных, ни скорбей продолжительных. Не твоя собственность этот путь, но и настоящее также не твое. У путников такой обычай: как скоро первый сделал шаг, тотчас за ним заносит ногу другой, а за этим и следующий. Смотри же, не подобна ли сему и жизнь? Ныне ты возделывал землю, а завтра будет ее возделывать другой, после же него еще другой. Видишь ли эти поля и великолепные здания? Сколько раз каждое из них со времени своего существования переменяло имя! Называлось собственностью такого-то, потом переименовано по имени другого, перешло к новому владельцу, а теперь стало именоваться собственностью еще нового. И так жизнь наша не путь ли, на который вступают то те, то другие и по которому все один за другим следуют? Посему *«блажен, иже... на пути грешных не ста»*.

Что же значит *«не ста»*? Человек, находясь в первом возрасте, еще ни порочен, ни добродетелен, потому что сей возраст не способен ни к тому, ни к другому состоянию. Но когда разум в нас созрел, тогда сбывается написанное: *«Пришедшей же заповеди, грех убо оживе, аз же умрох»* (Рим.7:9–10). Ибо возникают лукавые помыслы, рождающиеся в душах наших от плотских страстей. Действительно, заповедь пришла, то есть приобретено познание добра, и если она не преодолеет худого помысла, но попустит рассудку поработиться страстям, то грех ожил, умер же ум, сделавшись мертв чрез грехопадения.

Посему блажен, кто не закоснел *«на пути грешных»*, но благим разумом востек в жизнь благочестную.

Два есть пути, один другому противоположные, – путь широкий и пространный и путь тесный и скорбный. Два также путеводителя, и каждый из них старается обратить к себе. На пути гладком и покатом путеводитель обманчив – это лукавый демон, и он посредством удовольствий увлекает следующих за ним в погибель; а на пути не гладком и крутом путеводитель добрый Ангел, и он чрез многотрудность добродетели ведет следующих за ним к блаженному концу. Пока каждый из нас младенец и гоняется за тем, что услаждает его в настоящем, до тех пор нимало не заботится он о будущем. Но став уже мужем, когда понятия усовершились, он как бы видит, что жизнь перед ним делится и ведет то к добродетели, то к пороку; и часто обращая на них душевное око, различает, что свойственно добродетели и пороку.

Жизнь грешников показывает в себе все наслаждения настоящего века. Жизнь праведных являет одни блага будущего века. Путь спасаемых сколько обещает благ будущих, столько представляет трудов в настоящем. А жизнь сластолюбивая и невоздержная предлагает не ожидаемое впоследствии, но настоящее уже наслаждение. Посему всякая душа приходит в кружение и не может устоять среди помыслов. Когда приведет себе на мысль вечное, избирает добродетель, когда же обратит взор на настоящее, предпочитает удовольствие. Здесь видит прохладу для плоти, а там ее порабощение, здесь пьянство, а там пост, здесь необузданный смех, а там обильные слезы, здесь пляски, а там молитву, здесь свирели, а там воздыхания, здесь блуд, а там девство. Поскольку же истинное благо удобопостижимо разумом только чрез веру (ибо оно отдалено от нас – и око не видало его, и ухо о нем не слыхало), а сладость греха у нас под руками, и наслаждение вливается посредством каждого чувства, то тот блажен, кто не увлекся в погибель приманками удовольствия, но с терпением ожидает надежды спасения и при выборе того или другого пути не вступил на путь, ведущий ко злу.

«И на седалищи губителей не седе». О тех ли говорит седалищах, на которых покоим тела свои? И какое отношение дерева ко греху, так что седалища, которое было прежде занято грешником, мне должно бегать как чего-то вредного? Или надобно думать что под седалищем разумеется неподвижное и постоянное коснение в одобрении греха? Сего должно остерегаться нам, потому что ревностное коснение во грехе производит в душах некоторый неисправимый навык. Ибо застаревшаяся душевная страсть или временем утвержденное помышление о грехе с трудом врачуются или делаются совершенно неисцелимыми, когда навыки, как всего чаще случается, переходят в природу. Посему должно желать, чтобы нам даже и не прикасаться к злу.

А другой путь – тотчас по искушении бежать его, как удара, наносимого стрелком, по написанному у Соломона о злой жене: *«Но отскочи, не замедли... ниже настави ока своего к ней»* (Притч. 9, 18). И теперь знаю таких, которые в юности поползнулись в плотские страсти и до самой седины, по привычке к злу, пребывают во грехах. Как свиньи, валяясь в тине, непрестанно более и более облипают грязью, так и эти люди чрез сластолюбие с каждым днем покрывают себя новым позором. Итак, блаженное дело – и не помышлять о зле. Если же, уловленный врагом, принял ты в душу советы нечестия, не стой во грехе. А если и тому подвергся, не утверждайся во зле. Посему не сиди *«на седалищи губителей»*.

Если ты понял, какое седалище разумеет Писание, а именно называет так продолжительное пребывание во зле, то исследуй, кого именует оно губителями. О моровой язве люди, сведущие в этом, говорят, что она, если прикоснется к одному человеку или скоту, чрез сообщение распространяется на всех приближающихся. Таково свойство этой болезни, что все друг от друга наполняются тою же немощью. Таковы и дела беззакония. Ибо, передавая друг другу болезнь, все вместе страждут недугом и вместе погибают.

Не случалось ли тебе видеть, как блудники сидят на торжищах, осмеивают целомудренных, рассказывают свои срамные дела, свои занятия, достойные тьмы, и перечисляют случаи своего бесчестия как подвиги или другие какие доблести? Это губители, которые стараются собственный свой порок передать всем и усиливаются сделать многих себе подобными, чтобы избежать поношения, когда пороки будут общими. Огонь, коснувшись удобосгораемого вещества, не может не охватить всего этого вещества, особенно если подует сильный ветер, который переносит пламень с одного места на другое. Так и грех, прикоснувшись к одному человеку, не может не перейти ко всем приближающимся, когда раздувают его лукавые духи. Так, дух блуда не ограничивается тем, чтобы подвергнуть бесчестию одного, но тотчас присоединяются товарищи: пиры, пьянство, срамные повести и непотребная женщина, которая вместе пьет, одному улыбается, другого соблазняет и всех распаляет к тому же греху. Ужели мала эта зараза, маловажно такое распространение зла?

А подражающий лихоимцу или человеку, который другим каким-нибудь пороком достиг значительной власти в обществе, стал правителем народов или военачальником и потом предался самым постыдным страстям, – ужели подражающий ему не приемлет в душу свою пагубы, обратив в свою собственность порок того, кому подражает? Блистательное положение в свете показывает вместе с собою и жизнь людей, поставленных на виду. Воины всего чаще подражают военачальникам, живущие в городах берут для себя примеры с начальствующих; и вообще, когда многие почтут достойным подражания порок одного человека, тогда справедливо и прилично будет сказать, что от него распространяется в жизни какая-то пагуба душ. Ибо грех в лице именитом многих поползновенных привлекает подражать тому же. И поскольку один от другого заимствует повреждение, то о таковых людях говорится, что они губят души. Итак, не сиди *«на седалищи губителей»*, не участвуй в собрании людей, повреждающих нравственность и пагубных, не оставайся в обществе советников на зло!

Но слово мое доселе медлит на одном предисловии, между тем примечаю, что обилие его превзошло должную меру так, что и вам нелегко соблюсти в памяти, если бы сказано было больше, и мне трудно продолжать служение слову, потому что по врожденной немощи недостает у меня голоса. Но хотя и недосказано то, о чем мы говорили, хотя, показав, что должно бегать зла, умолчал я о том, как усовершаться посредством добрых дел, впрочем, предложив настоящее благосклонному вниманию, обещаю, при Божьей помощи, восполнить и недостающее, если только не наложено будет на меня совершенного молчания. Да дарует же Господь и нам награду за сказанное, и вам плод от того, что слышали, по благодати Христа Своего, так как Ему слава и держава во веки веков. Аминь.

БЕСЕДА НА ПСАЛОМ 7-Й

(1) *«Псалом Давиду, егоже воспет Господеви о словесех Хусиевых, сына Иемениина».* Надписание седьмого псалма по видимому противоречит несколько повествуемому в книгах Царств, где написано о Давиде, ибо там повествуется о Хусии, первом друге Давидовом (см.: 2Цар.15:32), и о сыне Арахиином, а здесь Хусий, сын Иемениина. Но как этот Хусий не Иемениин сын, так из упоминаемых там нет и другого Хусия, сына Иемениина. Не за то ли разве назван сыном Иеменииным, что оказал великое мужество и доблестный подвиг, когда под видом друга приходил к Авессалому и разорил совет Ахитофела, предлагавшего мнение, приличное человеку весьма оборотливому и знающему военное дело? Ибо сын Иемениин в переводе значит сын десницы. Когда же Ахитофел советовал нимало не отлагать дела, но немедленно напасть на отца, еще не готового к сражению, Хусий не допустил, чтобы принят был совет Ахитофелов, *«яко да наведет»*, так сказано, *Господь на Авессалома злая вся»* (2Цар. 17, 14). Но напротив того, чтобы Давиду дать время собрать свои силы, рассудил он уверить их в пользе отсрочки и замедления, чем и угодил Авессалому, который сказал: *«Благ совет Хусия Арахиина, паче совета Ахитофелева»* (2Цар. 17, 14).

Между тем через священников Садока и Авиафара дал он знать Давиду о распоряжениях Авессалома и требовал, чтобы Давид не оставался на ночь в Аравофе пустыне, но спешил переходом. Поскольку же чрез этот добрый совет стал он правою рукою Давида, то получил наименование от доблестного своего дела и потому назван был сыном Иемениным, то есть сыном десницы. А в Писании есть обыкновение порочным давать имя чаще по греху, нежели по отцу, и добрых сынов именовать по отличающей их добродетели... Так апостол Павел именует диавола сыном погибели: *«Аще не... открыется человек беззакония, сын погибели»* (2Сол.2:3). И в Евангелии Господь Иуду назвал сыном погибельным, сказав: *«Никтоже... погибе, токмо сын погибельный»* (Ин.17:12). Образованных же в боговедении наименовал чадами премудрости, сказав: *«И оправдися премудрость от чад своих»* (Мф. 11, 19). И еще говорит: *«Аще... будет ту сын мира»* (Лк.10:6). Посему не удивительно, если и теперь умолчано о плотском родителе первого друга Давидова; наименован же он сыном десницы, получив это приличное ему имя по своему деянию.

(2) *«Господи Боже мой, на Тя уповах, спаси мя»*. Подумаешь, что слова просты, что кому бы то ни было можно в прямом смысле сказать: *«Господи Боже мой, на Тя уповах, спаси мя»*. А на деле, может быть, и не так. Кто надеется на человека или насыщается чем-нибудь другим житейским, например, могуществом или деньгами, или чем иным из почитаемого у людей блистательным, тот не может сказать: *«Господи Боже мой, на Тя уповах»*. Ибо есть заповедь не надеяться на князей, и сказано: *«проклят человек, иже надеется на человека»* (Иер. 17, 5). Не должно воздавать как Божескую честь чему-либо кроме Бога, так и надеяться на другого кроме Бога, Господа всяческих. Сказано: *«Крепость моя и пение мое Господь»* (Пс. 117, 14).

Почему же Пророк молится, чтобы его сперва спасти от гонящих, а потом – избавить? Знак препинания сделает речь ясною: *«спаси мя от всех гонящих мя, и избави мя»*: (3) *«да не когда похитит яко лев душу мою»*. Что же за различие между спасением и избавлением? То, что в спасении собственно имеют нужду немощные, а в избавлении – содержимые в плену. Посему кто имеет в себе немощь, но в себе же находит и веру, тот собственною верою направляется к спасению, ибо сказано: *«Вера твоя спасе тя»* (Лк.7:50), и еще: *«Яко веровал еси, буди тебе»* (Мф. 8, 13). А кто требует избавления, тот ожидает, чтобы другие за него представили должную цену. Посему тот, кому угрожает смерть, зная, что один Спаситель и один Искупитель, говорит: *«На Тя уповах, спаси мя»* от немощи *«и избави мя»* от плена.

Думаю же, что о мужественных Божиих подвижниках, которые чрез всю свою жизнь довольно боролись с невидимыми врагами, когда избежат всех их гонений, находясь при конце жизни, князь века сего изведывает, чтобы удержать их у себя, если найдутся на них раны, полученные во время борьбы, или какие-нибудь пятна и отпечатки греха. А если будут найдены неуязвленными и незапятнанными, то как непобедимые, как свободные будут упокоены Христом.

Посему Пророк молится о будущей и настоящей жизни. Здесь говорит: *«Спаси мя от... гонящих»*, а там, во время испытания: *«Избави мя, да не когда похитит яко лев душу мою»*. И сие можешь узнать от Самого Господа, Который пред страданием говорит: *«Грядет... сего мира князь и во Мне не имать ничесоже»* (Ин.14:30). Но Он, не сотворивший греха, сказал: *«Не имать ничесоже»*; для человека же довольно, если осмелится сказать: «Грядет сего мира князь и во мне имать не многое и маловажное». Опасно же, чтобы сие не случилось с нами, когда нет у нас ни избавляющего, ни спасающего. Двум понятиям приданы также два понятия: *«спаси мя от»* множества *«гонящих мя, и избави мя, да не когда»* буду похищен, *«не сущу избавляющу»*.

(4) «Господи Боже мой, аще сотворих сие, аще есть неправда в руку моею»,

(5) «аще воздах воздающим ми зла, да отпаду убо от враг моих тощ»:

(6) *«да поженет убо враг душу мою, и да постигнет»*. Писанию обычно употреблять слово «воздаяние», не только в общепринятом смысле, когда добро или зло уже совершено, но и о чем-нибудь предначинаемом, как в следующем месте: *«воздаждь рабу Твоему»* (Пс. 118, 17), вместо того чтобы сказать «даждь», сказано «воздаждь». «Дать» значит положить начало благотворению, «отдать» значит возмерить равным за сделанное себе добро, а «воздаяние» есть какое-то второе начало и возвращение оказанного кому-нибудь добра или зла.

А я думаю, что когда в Писании вместо прошения выражается как бы некоторое взыскание и требуется воздаяние, тогда оно представляет смысл, подобный следующему: какой долг попечения о детях по природе необходимо лежит на родителях, это самое выполни и в рассуждении меня. Отец же естественною любовью к детям обязывается иметь промышление о жизни их. Ибо сказано: родители должны *«снискати имения чадом»* (ср.: 2Кор.12:14), чтобы сверх жизни доставить им и средства к поддержанию жизни. Подобным сему образом «даяние», или «воздаяние», нередко употребляется в Писании о действиях первоначальных. А теперь, кажется, Пророк с уверенностью говорит: *Не воздах воздающим ми зла*, не воздал подобным за подобное. *«Аще сотворих сие... аще воздах воздающим ми зла, да отпаду убо от враг моих тощ».* Отпал от врагов *«тощ»,* кто лишился благодати, подаваемой от полноты Христовой.

«Да поженет убо враг душу мою, и да постигнет, и поперет в землю живот мой». Душа праведника, отрешившись от соучастия в теле, имеет живот *«сокровен со Христом в Бозе»* (ср.: Кол.3:3), так что может сказать с Апостолом: *«Живу же не ктому аз, но живет во мне Христос».* И еще: *«а еже ныне живу во плоти, верою живу»* (Гал.2:20). Душа же грешника, живущего по плоти, погрязшего в телесных удовольствиях, валяется в плотских страстях, как в тине. Враг, попирая ее, старается еще более осквернить и, так сказать, погребсти, наступив на падшего и ногами своими втаптывая его в землю, то есть жизнь поползнувшегося – в тело.

«И славу мою в персть вселит». Святых, которые имеют жительство на небесах и сокровиществуют себе блага в вечных сокровищницах, – и слава на небесах; а о людях перстных и по плоти живущих говорится, что и слава их *«вселяется в персть».* Кто славится земным богатством, кто домогается кратковременной чести от людей, кто возлагает надежду на телесные преимущества, тот имеет у себя славу, но она не восходит к небу, а пребывает в персти.

(7) *«Воскресни, Господи, гневом Твоим, вознесися в концах враг Твоих».* Пророк молится уже о совершении тайны Воскресения в потреблении греха их или о том вознесении на крест, которое должно было совершиться, когда злоба врагов возвысится до крайнего предела. Или слова: *«вознесися в концах враг Твоих»,* заключают в себе смысл, подобный следующему: до какой бы высоты ни дошла злоба, разливаясь безмерно и беспредельно, Ты по множеству силы Своей можешь, как добрый Врач, предварительно оградить пределы, остановить болезнь, всюду разливающуюся и проникающую, и пресечь ее

непрерывное распространение Твоими вразумляющими ударами.

«И востани, Господи Боже мой, повелением, имже заповедал еси». Слова сии можно относить и к тайне Воскресения, разумея так, что Пророк молит Судию востать и отмстить за всякий грех и привести в действие предписанные нам заповеди, а можно понимать под ними и тогдашнее состояние Пророка, который молит Бога востать и отмстить за ту заповедь, какую Он дал. Богом же дана была заповедь: *«Чти отца твоего и матерь»* (Исх. 20, 12), и ее преступил сын Давидов. Почему для исправления его и для вразумления многих молит Бога не долготерпеть, но востать гневом, востав, отмстить за Свою заповедь. Он говорит: отмсти не за меня, но за пренебрежение заповеди, которую Сам Ты дал.

(8) *«И сонм людей обыдет Тя».* Известно, что по вразумлении одного неправедного обращаются многие. Посему накажи его преступление, да великий *«сонм людей обыдет Тя».*

«И о том на высоту обратися». За окружающий Тебя сонм, который приобрел Ты благодатным снисхождением и домостроительством, возвратись на высоту той славы, *«юже имех у Тебе, прежде мир не бысть»* (Ин.17:5).

(9) *«Господь судит людем».* Во многие места Писания всеяно слово о суде, как весьма необходимое и многовнушающее при обучении благочестию уверовавших в Бога чрез Иисуса Христа. Поскольку же слово предлагается различно, то оно представляется несколько слитным для тех, которые не делают точного различия в значениях. Ибо сказано: *«Веруяй в Онь не будет осужден: а не веруяй уже осужден есть»* (Ин.3:18). Но если слово «неверующий» равнозначно слову «нечестивый», то как же сказано, что *«не воскреснут нечестивии на суд»* (Пс. 1, 5)? И еще: если верующие чрез веру стали сынами

Божиими, а потому и сами удостоены именоваться богами, то как же *«Бог ста в сонме богов, посреде же боги разсудит»* (Пс. 81, 1)?

Но кажется, что слово «судить» берется в Писании иногда в значении «испытывать», а иногда в значении «осуждать». Так в значении «испытывать», в словах: *«суди ми, Господи, яко аз незлобою моею ходих»*, ибо здесь Пророк присовокупляет: *«искуси мя, Господи, и испытай мя»* (Пс. 25, 1–2), и в значении «осуждать», в словах: *«аще бо быхом себе»* судили, *«не быхом осуждени были»* (ср.: 1Кор.11, 31). Это значит: если бы мы испытывали самих себя, то не подверглись бы осуждению. Опять сказано, что Господь *«судитися имать со всякою плотию»* (ср.: Иер. 25, 31), то есть при исследовании жизни Господь Сам Себя подвергает суду всякого и Свои заповеди противопоставляет делам грешников, в оправдание Свое приводя доказательства, что Он сделал все от Него требовавшееся ко спасению судимых, чтобы грешники, убедившись, сколько они виновны во грехах, и приняв Божий суд, не без согласия терпели наложенное на них наказание.

Но слово «судить» имеет и иное значение, в котором Господь говорит: *«Царица Южская востанет на суд и осудит род сей»* (ср.: Мф. 12, 42). О тех, которые отвращаются Божественного учения, не радеют о чистоте нравов и совершенно отвергли вразумляющие учения мудрости, Господь говорит, что они по сравнению и сличению с их современниками, показавшими отличную ревность к добру, понесут тягчайшее осуждение за не исполненное ими. А я думаю, что не все, облеченные в сие земное тело, одинаково будут судимы Праведным Судиею, потому что весьма различные внешние обстоятельства, встречающиеся с каждым из нас, сделают, что и суд над каждым будет различен. Или делает более тяжкими или облегчает наши грехи то, что от нас не зависит или стекается вокруг нас не по нашей воле.

Представь, что подвергнется суду блуд. Но один впал в сей грех, из детства будучи воспитываем в порочных нравах, ибо и на свет произведен распутными родителями, и возрастал в привычках к дурному, к пьянству, играм и срамным беседам; а другой много имел побуждений к жизни совершенной – воспитание, учителей, слышание слова Божия, душеспасительное чтение, наставления родительские, беседы, образующие в честности и целомудрии, умеренность в пище – и потом вовлечен был в подобный с первым грех и должен дать отчет в своей жизни: не по справедливости ли сей последний в сравнении с первым заслужит тягчайшее наказание? Первый виновен будет в том одном, что не возмог воспользоваться спасительными влечениями, насажденными в мысли; последний сверх сего будет еще обвинен и в том, что при многих содействиях ко спасению по невоздержанности и кратковременному нерадению сам себя предал.

Подобным образом, кто с самого начала воспитывался в благочестии, избег всяких превратностей в учениях о Боге, был наставлен в законе Божием, осуждающем грех и внушающем тому противное, тот, если впадет в идолослужение, не будет иметь такого же извинения, как получивший воспитание от родителей, не знавших закона, от язычников, с детства наученных идолослужению. *«Господь судит людем»* – иначе судит иудея и иначе скифа. Ибо *«иудей почивает на законе, хвалится о Бозе, разсуждает лучшая»* (ср.: Рим.2:17–18). Он оглашен в законе и сверх общих всем понятий был убеждаем и вразумляем писаниями Пророков и закона, и если окажется впадшим в беззаконие, то сие вменяется ему гораздо в тягчайший грех. Скифы – народ кочующий;

они воспитаны в зверских и бесчеловечных обычаях, привыкли к грабежам и взаимным насилиям, неукротимо предаются гневу, легко раздражаются взаимными оскорблениями, привыкли всякий спор решать оружием, приучены оканчивать ссоры кровопролитием; и ежели они окажут друг другу сколько-нибудь человеколюбия и снисходительности, то своими услугами уготовят нам жесточайшее наказание.

«Суди ми, Господи, по правде моей и по незлобе моей на мя». Слова сии по видимости заключают в себе некоторую похвальбу и близки к молитве возвышавшего себя фарисея. Но благовременно рассмотревший их найдет, что Пророк далек от подобного расположения. *«Суди ми, Господи»*, говорит он, *«по правде моей»*. Это значит: обширно понятие праведности, и пределов совершенной праведности трудно достигнуть. Ибо есть праведность ангельская, которая превосходит человеческую: ежели есть какая-либо сила выше Ангелов, то она имеет и превосходство праведности, соответственное ее величию; а праведность самого Бога превыше всякого разума, она неизреченна и непостижима для всякой сотворенной природы.

«Суди ми, Господи, по правде моей», то есть по правде, какая удободостижима для людей и возможна для живущих во плоти; *«и по незлобе моей на мя»*: сим особенно подтверждается, что расположение сказавшего весьма далеко от фарисейского высокомерия. Ибо незлобою своею называет как бы простоту и неопытность в том, что полезно знать; по сказанному в Притчах: *«Незлобивый веру емлет всякому словеси»* (Притч. 14, 15). Поскольку мы, человеки, во многих случаях неосторожно погрешаем по неопытности, то Пророк молит и просит Бога даровать ему прощение по незлобе. А из сего видно, что сказанное показывает более смиренномудрие, нежели

высокомерие сказавшего. *«Суди ми, Господи»*, говорит он, *«по правде моей»*, и суди меня *«по незлобе»*, какая во мне. Праведные дела мои сравни с немощью человеческою и тогда суди меня. Вникни в простоту моих нравов, вникни в то, что я необоротлив и непроницателен в делах мирских, и тогда осуждай меня за прегрешения.

(10) *«Да скончается злоба грешных»*. Приносящий сию молитву явно есть ученик евангельских заповедей; он молится *«за творящих напасть»* (ср.: Мф. 5, 44), прося положить предел и конец злобе грешных, подобно тому, как если бы кто, молясь о страждущих телесно, сказал: да скончается болезнь страждущих. Чтобы грех, как пожирающий огонь в членах, распространяясь дальше и дальше, не занял большего места, Пророк молит Бога остановить дальнейшее разлияние греха и положить ему предел. Молит, ибо любит врагов своих, желает *добро творить ненавидящим»* его и потому молится *«за творящих напасть»* (ср.: Мф. 5, 44).

«Исправиши праведнаго». Праведник называется правым, и право сердце, успевающее в добре. Что же значит здесь у Пророка сия молитва? Он молится об исправлении имеющего уже правоту, ибо никто не скажет, чтобы в праведнике было что-нибудь строптивое, непрямое, превратное. Но, может быть, и о праведнике необходимо прошение, чтобы его преднамеренная правота и превратность воли была исправляема под руководством Божиим, чтобы он даже и по немощи не уклонялся никогда от правила истины и чтобы враг истины не мог растлить его превратными учениями.

«Испытаяй сердца и утробы, Боже, праведно». Поскольку Писание во многих местах слово «сердце» употребляет в значении владычественного в душе, а слово «утроба» в значении вожделевательной ее силы, то и здесь значение слов то же самое, именно: суди меня,

Боже, в учениях, какие имею о благочестии, и в движениях страстных, ибо Ты *«испытаяй сердца и утробы»*. Пытание в собственном смысле есть допрос судией испытуемого, сопровождаемый всякого рода истязаниями, чтобы утаивающие выпытываемое у них от боли по необходимости вывели наружу утаенное. А на непогрешительных испытаниях Судии как испытываются наши помышления, так испытываются и дела. Посему никто не упреждай Праведного Судию и не суди прежде времени, *«дондеже приидет Господь, Иже во свете приведет тайная тмы и объявит советы сердечныя»* (1Кор. 4, 5).

В испытании сердец и утроб Бог показывает Свое правосудие. Испытано было сердце Авраама, от всей ли души и от всего ли сердца любит он Бога, когда ему было повелено принести Исаака во всесожжение, дабы открылось, что он не любит сына паче Бога. Испытан был и Иаков, когда терпел козни от брата, дабы при таких согрешениях Исава просияло его неослабное братолюбие. Итак, в них были испытаны сердца, а в Иосифе испытаны утробы, когда при безумном воспламенении к нему похотливой госпожи честность целомудрия предпочел он гнусному сладострастию. Испытан же был для того, чтобы зрители суда Божия признали, насколько праведно воздана ему честь, когда среди великих искушений просияла его чистота.

(11) *«Помощь моя от Бога»*. Собственно на войне, при нашествии неприятелей ищут помощи те, на кого враги нападают, посему и здесь ощутивший невидимых врагов своих и усматривающий предстоящую ему опасность от ополчившихся на него врагов говорит: помощь моя не в богатстве, не в телесных пособиях, не в силе, не в крепости моей, не в человеческом родстве, но *«помощь моя от Бога»*. А какую помощь посылает Господь боящимся Его, сие видим из другого псалма, в котором сказано:

«*Ополчится Ангел Господень окрест боящихся его, и избавит их*» (Пс. 33, 8), и из другого места: «*Ангел, иже мя избавляет*» (Быт. 48, 16).

«*Спасающаго правыя сердцем*». Прав сердцем тот, чей рассудок не допускает ни излишества, ни недостатка в добродетели, но держится середины. Кто от мужества уклонился в недостаток, тот совращается в робость, а кто простерся в излишество, тот переходит в дерзость. Посему Писание называет «*строптивыми*» (см.: Притч. 16, 28) людей, которые излишествами или недостатками выступают из средины. Как черта делается кривою, когда прямое направление преломляется то в выпуклое, то в вогнутое, так и сердце делается строптивым, когда его то возвышает высокомерие, то унижают скорби и тесноты. Посему Екклезиаст говорит, что «*развращенное не может исправитися*» (Еккл.1:15).

(12) «*Бог судитель праведен и крепок, и долготерпелив, и не гнев наводяй на всяк день*». Кажется, что Пророк говорит сие, имея в виду тех, которые смущаются иногда приключившимся, как бы для успокоения сих людей от смущения, чтобы они не теряли веры в Промысл, о всем пекущийся, видя неотмщенным восстание сына на отца и благоуспешный лукавый замысел Авессаломов. Почему, исправляя, что в их умозаключениях неразумно, засвидетельствовал им: «*Бог судитель праведен, и крепок, и долготерпелив, и не гнев наводяй на всяк день*». Не без причины бывает все то, что ни случается. Напротив того, Бог возмеривает по мерам каждого, какими он предварительно измерял свои поступки в жизни. Поскольку сделал я какой-нибудь грех, то и получаю, что заслужил. Итак, «*не глаголите на Бога неправду*» (Пс. 74, 6), ибо Бог «*судитель праведен*». Не думайте так низко о Боге, чтобы почитать Его не имеющим сил отмстить, ибо Он «*и крепок*». Какая же причина тому, что не скоро налагает

казнь на согрешающих? Та, что Он *«долготерпелив и не гнев наводяй на всяк день»*.

(13) *«Аще не обратитеся, оружие Свое очистит»*. Это речь угрожающая, возбуждающая к обращению тех, которые медлят с покаянием. Угрожает не прямо ранами, ударами и смертями, но очищением оружий и как бы приготовлением ко мщению. Как те, которые чистят оружие, тем самым обнаруживают свою готовность к войне, так и Писание, желая выразить Божие намерение наказать, говорит, что Он *«очищает Свое оружие»*.

«Лук свой напряже и уготова и», (14) *«и в нем уготова сосуды смертныя»*. Не тетива напрягает Божий лук, но карающая сила, которая иногда напряжена, а иногда ослаблена. Посему слово грозит грешнику тем, что готово ожидающее его наказание, если пребудет во грехе, потому что в луке уготованы сосуды смертные, а сосуды смертные суть силы, потребляющие врагов Божиих.

«Стрелы Своя сгараемым содела». Как огонь произведен для сгораемого вещества, создан не для алмаза, который не расплавляется в огне, а для возгорающихся дров, так и стрелы Божии соделаны для душ удобосгораемых, в которых собрано много вещественного и годного к истреблению. Посему которые имеют уже в себе предварительно разожженные стрелы диавола, те приемлют на себя и стрелы Божии. Потому и сказано: *«Стрелы Своя»* уже *«сгараемым содела»*. Сожигают же душу: плотская любовь, любостяжательность, распаленный гнев, скорби, попаляющие и снедающие душу, страх, чуждый страха Божия. А кто не уязвлен стрелами врага и облечен во всеоружие Божие, того не касаются и смертоносные стрелы.

(15) *«Се, боле неправдою, зачат болезнь и роди беззаконие»*. В сем изречении по видимому перемешан порядок. Ибо рождающие сначала зачинают, потом болеют и, наконец, рождают, а здесь сперва болезни рождения,

потом зачатие, потом рождение. Но относительно к зачатию в сердце речение сие весьма выразительно. Ибо неразумные стремления похотливых, бешеные и неистовые вожделения названы болезнями рождения, потому что рождаются в душе с быстротою и трудом. А кто вследствие такого стремления не одержал победы над порочными помыслами, тот *«зачат болезнь»*; и кто сердечное повреждение распалил порочными делами, тот *«роди беззаконие»*. По-видимому же, Давид говорит сие, стыдясь того, что он отец беззаконного сына. Не мой он сын, говорит Пророк, но стал сыном отца, которому усыновил себя чрез грех. Ибо, по словам Иоанна, *«творяй грех от диавола»* рожден (ср.: 1Ин.3:8). Итак, се диавол *«боле»* им в неправде и *«зачат»* его, то есть как бы ввел его в самую свою внутренность, в утробу своих расположений, и чревоносил его, и потом *«роди»* его, произвел на свет его беззаконие, потому что всем проповедано о восстании его против отца.

(16) *«Ров изры и ископа и»*. В Божественном Писании находим, что ров берется не в очень хорошем смысле; как кладезь водный – не в худом смысле. Ибо был ров, куда брошен Иосиф своими братьями. И когда Господь поражает – поражает *«от первенца Фараонова до первенца пленницы, яже в рове»* (ср.: Исх. 12, 29). И в псалмах сказано: *«Привменен бых с низходящими в ров»* (Пс. 87, 5), и у Иеремии: *«Мене оставиша источника воды живы, и ископаша себе кладенцы сокрушеныя, иже не возмогут воды содержати»* (Иер. 2, 13). Да и у Даниила описан ров львиный, в который был ввержен Даниил.

А кладезь ископывает Авраам, ископывают также отроки Исааковы. При кладезе успокоился ушедший из Египта Моисей (см.: Исх. 2, 15). И от Соломона приемлет заповедь *«пить воды от своих сосудов и от своих кладенцев источника»* (ср.: Притч. 5, 15). И Спаситель при кладезе беседует с самарянкою о Божественных тайнах. А почему ров берется в худом значении, кладезь же в хорошем, тому полагаем следующую причину: вода во рвах бывает пришлая, падающая с неба, а в колодцах водяные жилы, засыпанные землею пока место не разрыто, обнаруживаются, как скоро сняты покрывающие их глыбы земли или лежащие сверху другие вещества, входящие в состав земли.

Так нечто подобное рву бывает и в тех душах, в которые западает доброе, но превращенное и подмешанное, когда человек запавшие в него понятия о добре гонит от себя, обращая их на худое и противное истине употребление и решившись не иметь в себе никакого собственного добра. И опять, в душах бывает нечто подобное кладезям, когда по снятии худых покровов воссияет свет и источник удобопиемой воды в слове и учении. Посему каждому необходимо приуготовить для себя кладезь, чтобы выполнить вышеупомянутую заповедь, которая говорит: *«Пий воды от своих сосудов и от твоих кладенцев источника»* (Притч. 5, 15).

В таком случае и мы наименуемся чадами ископавших кладези – Авраама, Исаака и Иакова. А рва рыть не должно, чтобы не «пасть» нам *«в яму»*, по сказанному в сем псалме, и не услышать написанного у Иеремии в укоризну грешников, где Сам Бог говорит о них (как недавно приводили мы слова сии): *«Мене оставиша источника воды живы, и ископаша себе кладенцы сокрушеныя, иже не возмогут воды содержати»* (Иер. 2, 13).

БЕСЕДА ПЕРВАЯ НА ПСАЛОМ 14-Й

«Господи! кто может пребывать в жилище Твоем? кто может обитать на святой горе Твоей?» (стих 1-й). Желая явить нам мужа совершенного, чающего получить блаженство, Писание рассматривает его свойства по порядку, шаг за шагом, начав с самых наглядных и основных. «Господи! кто может пребывать в жилище Твоем?» – «Пребывание» означает непродолжительное времяпрепровождение. Это не жизнь прочно устоявшаяся, а проходящая в надежде на переселение в лучшее место. Святой проходит здешнюю жизнь, торопясь перейти в иное жительство. Посему и Давид говорит о себе: «…странник я у Тебя и пришлец, как и все отцы мои»[1]. Ведь и Авраам – странник, не владевший ни пядью земли, а когда понадобилась ему могила, он ее купил ценою серебра[2]. Писание показывает, что во плоти человек живет странником, а по переходе из сей жизни упокоевается в принадлежащих ему селениях. Вот почему Авраам жизнь проводил среди иноплеменников, в собственность же себе хлопотал приобрести землю для могилы, чтобы она приняла его тело. Истинное блаженство не в том, чтобы прилепляться к земным вещам как к личной собственности и держаться за здешнее, словно за природную отчизну, а в том, чтобы сознавать свое отпадение от лучшего и, терпя наказание в сей жизни, проводить ее подобно тем, кого судьи за какую-то вину изгнали с родины на чужбину. Редко кто не привержен к здешнему как к лично ему принадлежащему, кто понял сколь кратковременно пользует богатство, кто ощутил недолговечность телесной крепости, кто уразумел, сколь ненадежно блистание человеческой славы! – «Кто может пребывать в жилище Твоем?» – Жилищем Бога называется данная Им человеку плоть как жилище для души. Кто станет относиться к этой плоти, как к чужой? Пришельцы, нанявшись работать на чужой земле, обрабатывают поле по желанию работодателя. Вот так и нам по соглашению поручена забота о плоти, дабы потрудившись над ней усердно, мы не без плода вернули ее Даровавшему. И если плоть достойна Бога, то она в самом деле становится жилищем Бога, так как Он обитает в святых. Такова плоть пресельника. [Псалмопевец говорит] поэтому: «Господи! кто может пребывать в жилище Твоем?» Далее – продвижение, движение вперед к более совершенному: «кто может обитать на святой горе Твоей?» Земной иудей, когда слышит про гору, относит это к Сиону. – «Кто может обитать на святой горе Твоей?» Кто жил во плоти как пришлец, тот будет обитать на Святой горе. Гора означает место превыше небес, сияющее и светлое, о нем говорит Апостол: «Вы приступили к горе Сиону и ко граду Бога Живаго, к небесному Иерусалиму, где славословие Ангелов и Церковь первенцев, написанных на небесах»[3].

2. Кто беспристрастным пребывает в своей плоти, небрежет о ней как о чужой и не привязан к ней как к собственности, тот, умертвив земные члены свои (см. Кол 3:5) и достигши освящения, достоин обитать на Святой горе. Стремясь к сему, псалмопевец восклицал: «пойду я в место селения дивного»[4] и «как вожделенны жилища Твои, Господи сил!»[5] Туда вселяет нас и та любовь к ближним, которая есть условие обитания на этой горе, и та, которая происходит от богатства непра-

ведного. Приобретайте себе друзей богатством неправедным, чтобы они, когда обнищаете, приняли вас в вечные обители[6]. Об этом местопребывании Господь говорил молясь: Отче Святый! Дай, чтобы там, где Я, и они были[7]. Редко кто, пребывая во плоти, пребывает на горе. Вот почему Писание как бы недоумевая говорит: Кто может пребывать?.. Кто может обитать?.. Равно как: «Кто познал ум Господень?»[8] и «Кто возвестит вам, что огонь возгорелся?»[9] и «Кто возвестит вам о месте вечном?»[10] и «Кто верный и благоразумный домоправитель?»[11] Возможно, что «кто?» – это вопрос в ожидании ответа от Святого Господа, с Которым беседует [псалмопевец]. А что говорит в ответ Божественный голос? «Тот, кто ходит непорочно и делает правду».[12]. Если непорочный – это тот, кто не лишен ни одного достоинства и жизнь проводит непреткновенно безо всякого греха, то чем он отличается от того, кто делает правду? Не вкладывает ли [псалмопевец] одинаковый смысл в оба речения, говоря: «Тот, кто ходит непорочно и делает правду?» Или каждое из высказываний имеет свое особое значение? Непорочный – тот, кто во внутреннем человеке достиг полного совершенства добродетели, а творящий правду – тот, кто телесными усилиями доводит до совершенства свою деятельность. Ведь надо не только поступать правильно, но и действовать с правильным расположением, следуя сказанному: «Праведно стремись к правде»[13]. Это значит – делай дело, сообразуясь со справедливостью[14]. Например, частное лицо применяет какое-то лечение, полезное для больных, но делает это не так, как врач, поскольку нет у него мастерства, связанного с этой деятельностью. Итак, тот, кто ходит непорочно – это совершенный умом, а делающий правду – это, по слову Апостола, неукоризненный делатель Господа[15].

3. Обрати внимание на тщательную точность речи. [Пророк] не сказал «тот, кто ходил непорочно», но – «тот, кто ходит непорочно» и не сказал «делавший правду», но – «делающий правду». Человека делает добродетельным не какой-то единичный поступок; ему всю жизнь должно стараться поступать добродетельно. «Тот, кто говорит истину в сердце своем, не лукавит языком своим»[16]. И здесь слова «говорит друг другу истину в сердце своем» и «не лукавит языком своим» соотносятся друг с другом так же, как и быть непорочным и делать правду. Там Писание показывает нам и совершенного в тайниках своих, и того, кто идет путем правой деятельности; вот так и здесь, поскольку слова говорятся от избытка сердца[17] и как из источника вытекает речь из внутреннего расположения, [псалмопевец] сначала упомянул истину в сердце, а затем – правдивость в словах, произнесенных языком. Мы найдем здесь два понимания истины. Первое – это постижение предметов, ведущих к блаженной жизни, второе – достоверное знание о чем-либо относящемся к [здешней] жизни. Истину – соработницу спасения, живущую в сердце человека совершенного, надо передавать ближнему с полнейшей правдивостью во всем; если же в делах здешней жизни добродетельный человек и отступит от истины в чем-либо, то это для него не помеха в самом главном. Пусть мы не знаем правды о размерах земли или моря, о том, сколько движется звезд и насколько одна движется быстрее другой, – это нисколько не помешает нам достичь обетованного в Евангелии блаженства. Писание, возможно, возвещает и о том, что не со всяким, а только с близким подобает говорить об относящемся к истине, о сокровенном, то есть открывать не кому попало, а лишь соучастникам в таинствах. Если истина – Господь наш[18], то давайте каждый будем носить эту истину запечатленной и как бы отчеканен-

ной в сердце; беседуя о ней в сердцах наших, не станем искажать Слово Евангелия, проповедуя ближним. И не было обмана в устах Его[19]. В Писании обман (dTloj) часто толкуется как враждебность Богу. – Погубит, – сказано, – Господь все уста лживые[20] (dTlia) и коварство – в сердце злоумышленников[21]. Сказано, что все хорошее искажается от смешения с дурным; так, например, вино искажается при смешении с худшим или от прибавления воды, а золото искажается при соединении с серебром или медью. Подобно сему искажается и истина, когда к святым словам примешивается хула.

4. И не делает ближнему своему зла[22]. Кого именно Писание называет ближним, несомненно знает всякий, кто слышал в Евангелии ответ [Христа] вопрошавшему: А кто мой ближний?[23]. Господь ответил ему притчей о человеке, шедшем из Иерусалима в Иерихон, и задал вопрос: Кто из этих троих, думаешь ты, был ближний [этому человеку]? Он сказал: оказавший ему милость[24]. Этим Господь научил нас всякого человека считать своим ближним. А это трудно исполнять, и требуется большое тщание, чтобы не навредить ближнему ни в большом, ни в малом, не обидеть словом, не отнять что-либо из принадлежащего ему, не пожелать ему зла, не позавидовать благополучию друзей. И для ближних своих не был [источником] укора[25]. Слова эти двусмысленны: либо человек не заслужил ничем укора со стороны ближних и посему не принял от них укоризн, либо сам не укорял никого из близких за их человеческие падения, за увечья тела или другие какие телесные недостатки. Даже согрешающего нельзя укорять по слову Писания: Не укоряй человека, обращающегося от греха[26]. Укоризна, как известно, никогда не служила на пользу прегрешившим. В наставлениях ученику своему Тимофею Апостол советует обличать, увещевать, запрещать[27], но не пред-

лагает укорять, поскольку это действия прямо противоположные. Цель обличения – исправить грешника, цель укоризны – осрамить падшего. Укорять же за бедность, худородность, неученость или за телесный недуг и вовсе бессмысленно и несвойственно добродетельному. То, что выпадает нам без нашего выбора, суть вещи непреднамеренные, за непреднамеренные же недостатки следует жалеть, а не оскорблять несчастных.

5. Тот, в глазах которого презрен творящий зло, но который боящихся Господа славит[28]. Уму возвышенному, неудобопреклонному на соображения человеческой выгоды, мужу, восшедшему на высоту праведности, присуще каждому воздавать по достоинству и ни во что вменять творящих зло, хотя бы они и были облечены великой властью, наслаждались богатством и происходили из славного рода; таковых ему свойственно ставить ни во что, то есть почитать за ничто, хотя бы сами они и притязали на величие. Людей же боящихся Бога, пусть и бедных, незнатных, косноязычных и немощных телом, прославлять, превозносить, почитать блаженными свойственно тому, кто Духом научен ублажать таковых, ибо сказано: Блаженны все боящиеся Господа[29]. Одному и тому же умонастроению присуще ни во что вменять человека порочного, даже если он достиг вершин славы, и воздавать честь богобоязненному, будь он простец, бедняк, презираемый, ничем не привлекательный внешне. Кто клянется ближнему своему и не изменяет[30]. Почему здесь клятва выступает как добродетель мужа совершенного, тогда как в Евангелии клятва запрещается? Кто может пребывать <…> кто может обитать? – Кто клянется ближнему своему и не изменяет. А там: А Я говорю вам: не клянись вовсе[31]. Что ответить на это? У Господа всюду одна цель – и там, где Он предвосхищает последствие греха, и там, где пресекает зло в корне. Древний закон,

например, повелевал: Не прелюбодействуй![32], а Господь говорил: «Даже не пожелай»[33]. Там сказано: Не убивай[34], а Он законополагает нечто более совершенное: «Даже и не гневайся»[35]. Так и тут: один довольствуется исполнением клятвы, а Другой упраздняет повод к нарушению клятвы. Дело в том, что исполняющий клятву может случайно, помимо воли нарушить ее, а не клянущемуся вовсе не грозит опасность преступить ее. Псалмопевец часто называет клятвой непреложное обещание в любом деле. Я клялся хранить праведные суды Твои[36] и клялся Господь и не раскается[37]. Смысл сказанного не в том, что он призывает Бога в свидетели как поручителя в сомнительном предприятии, а в том, что Бог неизменными и незыблемыми решениями подтверждает Давиду обещанную милость. Вот и в данном случае можно сказать: Тот, кто клянется ближнему своему означает «заверяющий ближнего и не обманывающий его» в соответствии со словами Господа: Да будет слово ваше: да, да; нет, нет[38]. В подобных обстоятельствах соглашайся подтвердить бывшее, а если дело не имело места, то пусть тебя все люди убеждают – не поддавайся и не уверяй в том, что противно истине. Дело не имело места – отказывайся, имело место – соглашайся подтвердить. Старайся выставлять напоказ истину саму по себе, прибегая к одним только заверениям, не приплетая ничего другого. Недоверчивый пусть будет наказан за свою недоверчивость, ведь стыдно и глупо обвинять самого себя как не заслуживающего доверия и приписывать надежность клятвам. Некоторые изречения имеют вид клятвы, однако суть не клятвы, а просто дань уважения к слушателям. Так, Иосиф, чтобы расположить к себе египтянина, клялся здоровьем фараона[39]. И Апостол, изъявляя свою любовь к коринфянам, говорил: клянусь похвалою вашею, которую я имею во Христе Господе нашем[40]. Не пренебрегал

Евангельским учением тот, кому вверено было благовестие [Евангелия], но в форму клятвы облек простую речь, выразив тем, что похвала, которую он имел в них, для него дороже всего.

6. *Просящему у тебя дай, и от хотящего занять у тебя не отвращайся*[41]. Слова эти зовут нас к общительности и дружелюбию, к тому, что согласно с природой. Человек – существо общественное и общежительное. А при общежитии и взаимном сопребывании необходима щедрость для поддержки нуждающегося. *Просящему у тебя дай*. Он хочет, чтобы ты по любви в простоте своей был открыт для просящих, разумом же судил о [степени] их нужды. Из книги Деяний, [на примере] людей, искусно достигавших цели благочестия, мы учимся, каким образом можно это исполнить. *Все, которые владели землями или домами, продавая их, приносили цену проданного и полагали к ногам Апостолов; и каждому давалось, в чем кто имел нужду*[42]. Многие, выходя за грань необходимого, попрошайничают ради торгашества или распутства, посему сбор денег должны были проводить те, кому доверялась забота о бедных, дабы средства распределялись умело и рачительно, сообразно нужде каждого. И больным часто бывает потребно вино, однако не всякий способен определить, когда его надо давать, в каком количестве и какого качества. Для того, чтобы назначить вино, нужен врач. Точно так же не все могут с пользой распределять средства для помощи нуждающимся. Щедрая благотворительность отнюдь не приносит пользу тем, кто сочиняет плаксивые песни для обмана женщин, кто выставляет телесные увечья и раны как повод для стяжательства. Потраченное на них пойдет им во зло. Надо ничтожным даянием отражать их лай; являть же сочувствие и братолюбие должно к тем, кто научился терпеливо переносить нужду; о таковых сказано: *Алкал*

Я, и вы дали Мне есть[43] и так далее и *от хотящего занять у тебя не отвращайся*[44]. Последнее повеление согласуется с предыдущим. Бедняк, когда просит здесь, просит у тебя взаймы, указывая тебе на Богатого, Который на небесах отдаст тебе долг за него. *Милующий бедного взаймы дает Богу*[45]. Порукой долга служит Царство Небесное. Его да сподобимся все мы милостью и человеколюбием Господа нашего Иисуса Христа, Которому со Отцем и Духом Святым слава и держава во веки веков. Аминь.

БЕСЕДА НА ОКОНЧАНИЕ 14-ГО ПСАЛМА И НА РОСТОВЩИКОВ

Вчера беседовал я с вами о четырнадцатом псалме, но время не дозволило дойти до конца речи. Ныне являюсь, как признательный должник, чтобы отдать вам оставшийся долг. А остальное, по-видимому, не продолжительно для слышания, для многих же из вас, может быть, и не заметно, почему они и не представляют, чтобы в псалме оставалось что-нибудь. Впрочем, зная, что краткое сие изречение имеет великую силу в делах житейских, я не думал, чтобы должно было оставить без исследования полезное.

Пророк, изображая словом человека совершенного, который желает перейти в жизнь непоколебимую, к доблестям его причисляет и то, чтобы *«сребра своего»* не давать *«в лихву»* (Пс. 14, 5). Во многих местах Писания порицается грех сей. Иезекииль полагает в числе самых важных беззаконий брать *«лихву и избыток»* (ср.: Иез. 22:12). Закон ясно запрещает: *«Да не даси брату твоему»* и ближнему твоему *«в лихву»* (ср.: Втор. 23, 19). В другом месте говорится: *«Лихва на лихву и лесть на лесть»* (Иер. 9, 6). А что псалом говорит о городе, который изобиловал множеством беззаконий? *«Не оскуде от стогн его лихва и лесть»* (Пс. 54, 12). И теперь Пророк отличительною чертою человеческого совершенства принял то же самое, сказав: *«Сребра своего не даде в лихву»*.

В самом деле, крайне бесчеловечно, когда один, имея нужду в необходимом, просит взаем, чтобы поддержать жизнь, другому не довольствоваться возвращением данного взаем, но придумывать, как извлечь для себя из несчастий убогого доход и обогащение. Посему Господь дал нам ясную заповедь, сказав: *«И хотящаго от Тебе заяти не отврати»* (Мф. 5, 42). Но сребролюбец, видя, что человек, борющийся с нуждою, просит у колен его (и каких не делает унижений, чего не говорит ему!), не хочет сжалиться над поступающим вопреки своему достоинству, не думает о единстве природы, не склоняется на просьбы, но стоит непреклонен и неумолим, не уступает мольбам, не трогается слезами, продолжает отказывать, божится и заклинает сам себя, что у него вовсе нет денег, что он сам ищет человека, у кого бы занять; и эту ложь утверждает клятвою, своим бесчеловечием приобретая себе недобрую покупку – клятвопреступление.

А как скоро просящий взаймы помянет о росте и поименует залоги, тотчас, понизив брови, улыбнется, иногда припомянет и о дружбе своей с отцом его, назовет его своим знакомым и приятелем и скажет: «Посмотрим, нет ли где сбереженного серебра. Есть у меня, правда, залог одного приятеля, положенный ко мне для приращения, но приятель назначил за него обременительный рост; впрочем, я непременно сбавлю что-нибудь и отдам с меньшим ростом». Прибегая к таким выдумкам и такими речами обольщая и заманивая бедного, берет с него письменное обязательство и при обременительном убожестве, отняв у него даже свободу, оставляет его. Ибо, взяв на свою ответственность такой рост, которого платить не в состоянии, он на всю жизнь принимает на себя самопроизвольное рабство.

Скажи мне: денег ли и прибыли ищешь ты у бедного? Если бы он мог обогатить тебя, то чего бы стал просить у дверей твоих? Он пришел за помощью, а нашел врага; он искал врачевства, а в руки дан ему яд. Надлежало облегчить убожество человека, а ты увеличиваешь нужду, стараясь отнять и последнее у неимущего. Как если бы врач, пришедши к больным, вместо того чтобы возвратить им здравие, отнял у них и малый остаток сил, так и ты несчастия бедных обращаешь в случай к своему обогащению. И как земледельцы молят дождя для приумножения семян, так и ты желаешь людям скудости и убожества, чтобы деньги твои приносили тебе прибыль. Или не знаешь, что ты более приращаешь грехи свои, нежели умножаешь богатство придуманным ростом?

И ищущий займа бывает поставлен в затруднительное положение: когда посмотрит на свое убожество, отчаивается в возможности заплатить долг, а когда посмотрит на свою настоящую нужду, отваживается на заем. Потом один остается побежденным, покорясь нужде, а другой расстается с ним, обеспечив себя письменным обязательством и поруками. Взявший же деньги сначала светел и весел, восхищается чужими цветами, допускает перемену в жизни: стол у него открытый, одежда многоценная, слуги одеты пышнее прежнего; есть льстецы, застольные друзья и тысячи трутней в доме.

Но как деньги утекают, а время своим продолжением увеличивает рост, то и ночи не приносят ему покоя, и день не светел, и солнце не приятно, а напротив того – жизнь для него тягостна, ненавистны дни, поспешающие к сроку, боится он месяцев, потому что от них плодится рост. Спит ли он – и во сне видится заимодавец, это злое привидение, стоящее в головах. Бодрствует ли – и помышление и забота у него о росте. Сказано: *«Заимодавцу и должнику»*, сретшимся *«друг со другом, посеще-*

ние творит обема Господь» (ср.: Притч. 29, 13). Один, как пес, бежит на добычу, другой, как готовая ловитва, страшится встречи, потому что нищета отнимает у него смелость. У обоих счет на пальцах – один радуется увеличению роста, другой стенает о приращении бедствий.

«Пий воды от своих сосудов» (Притч. 5, 15), то есть рассчитывай свои средства, не ходи к чужим источникам, но из собственных своих капель собирай для себя утешение в жизни. Есть у тебя медная посуда, одежда, пара волов, всякая утварь? Отдай это. Согласись отказаться от всего, только не от свободы. Но я стыжусь, говоришь ты, сделать это гласным. Что ж? В скором времени другой выставит же это напоказ, провозгласит, что оно твое, и на твоих глазах станет продавать по низкой цене. Не ходи к чужим дверям, ибо, действительно, *«студенец тесен чуждий»* (Притч. 23, 27). Лучше посильными трудами помогать своим нуждам, нежели, вдруг обогатившись чужим имуществом, впоследствии лишиться всего состояния. Ежели у тебя есть чем отдать, почему же не удовлетворяешь этим средством настоящей нужде? Если же не в состоянии заплатить долг, то одно зло лечишь другим. Не верь заимодавцу, который ведет около тебя окопы. Не дозволяй, чтобы тебя отыскивали и преследовали, подобно какой-нибудь добыче.

Брать взаем – начало лжи, случай к неблагодарности, вероломству, клятвопреступлению. Иное говорит, кто берет взаем, а иное, с кого требуют долг. «Лучше бы мне не встречаться тогда с тобою! Я бы нашел средства освободиться от нужды. Не насильно ли вложил ты мне деньги в руки? И золото твое было с подмесью меди, и монеты обрезаны». Ежели дающий взаем тебе друг, убойся потерять его дружбу. Если он враг, не подчиняй себя человеку неприязненному. Недолго будешь украшаться чужим, а после потеряешь и отцовское наследие.

Теперь ты беден, но свободен. А взяв взаем, и богатым не сделаешься, и свободы лишишься. Взявший взаем стал рабом заимодавца, рабом, наемником, который несет на себе самую тяжелую службу. Псы, получив кусок, делаются кроткими, а заимодавец раздражается по мере того, как берет; он не перестает лаять, но требует еще большего. Если клянешься, не верит, высматривает, что есть у тебя в доме, выведывает, что у тебя в долгах. Если выходишь из дома, влечет тебя к себе и грабит. Если сокроешься у себя, стоит пред домом и стучит в двери, позорит тебя при жене, оскорбляет при друзьях, душит на площади. И праздник невесело тебе встретить, самую жизнь он делает для тебя несносною.

Но говоришь: нужда моя велика и нет другого способа достать денег. Какая же польза из того, что отдалишь нужду на нынешний день? Нищета опять к тебе придет, *«яко благ течец»* (Притч. 24, 34), и та же нужда явится с новым приращением. Ибо заем не вовсе освобождает от затруднительного положения, но только отсрочивает его ненадолго. Вытерпим ныне тяготу бедности и не станем отлагать сего на завтра. Не взяв взаем, равно ты будешь беден и сегодня и в следующие дни, а взяв, истощишь себя еще больше, потому что нищета возрастает от роста. Теперь никто не винит тебя за бедность, потому что зло непроизвольно, а когда обяжешься платить рост, всякий станет упрекать тебя за безрасчетность.

Итак, к невольным бедствиям не будем, по неразумию своему, прилагать еще произвольное зло. Детскому разуму свойственно не покрывать своих нужд тем, что имеешь, но, вверившись неизвестным надеждам, отваживаться на явный и непререкаемый вред. Рассуди наперед: из чего станешь платить? Из тех ли денег, которые берешь? Но их недостанет и на нужду и на уплату. А если ты вычислишь и рост, то откуда у тебя до того размножатся деньги, что они частью удовлетворят твоей нужде, частью восполнят собою что занято, а сверх того принесут и рост? Но ты отдашь долг не из тех денег, которые берешь в рост? Разве из другого источника возьмешь деньги? Подождем же исполнения этих надежд, а не станем, как рыбы, кидаться на приманку. Как они вместе с пищею глотают уду, так и мы ради денег пригвождаем себя к росту.

Никакого нет стыда быть бедным, для чего же навлекаем на себя позор, входя в долги? Никто не лечит раны раною, не врачует зла злом, и бедности не поправишь платою роста. Ты богат? Не занимай. Ты беден? Также не занимай. Если имеешь у себя достаток, то нет тебе нужды в долгах. А если ничего не имеешь у себя, то нечем будет тебе заплатить долг. Не предавай жизнь свою на позднее раскаяние, чтобы тебе не почитать счастливыми тех дней, в которые ты не платил еще роста.

Мы, бедные, отличаемся от богатых одним – свободою от забот; наслаждаясь сном, смеемся над их бессонными ночами; не зная беспокойств и будучи свободными, смеемся над тем, что они всегда связаны и озабочены. А должник – и беден, и обременен беспокойствами. Не спит он ночью, не спит и днем, во всякое время задумчив, оценивая то свое собственное имущество, то великолепные дома и поля богачей, одежды мимоходящих, домашнюю утварь угощающих. «Если бы это было мое, – говорит он, – я продал бы за такую и такую-то цену и тем освободился бы от платежа роста». Это и ночью лежит у него на сердце, и днем занимает его мысли. Если стукнешь в дверь, должник прячется под кровать. Вбежал кто-нибудь скоро – у него забилось сердце. Залаял пес, а он обливается потом, томится предсмертною мукою и высматривает, куда бежать. Когда наступает срок, заботливо придумывает, что солгать, какой изобрести предлог и чем отделаться от заимодавца.

Представляй себе не то одно, что берешь, но и то, что потребуют с тебя назад. Для чего ты вступаешь в союз с многоплодным зверем? О зайцах говорят, что они в одно время и родят, и кормят, и зачинают детей. И у ростовщиков деньги в одно время и отдаются взаем, и родятся, и подрастают.

Еще не взял ты их в руки, а уже требуют с тебя приращения за настоящий месяц. И это, опять причтенное к долгу, воспитывает новое зло, от которого родится еще новое, и так до бесконечности. Потому-то и наименованием таким почтен этот род любостяжания, ибо называется ростом (от τίκτω рождаю), как я думаю, по причине многоплодности этого зла. Да и отчего произойти иначе сему именованию? Или, может быть, называется ростом по причине болезней и скорбей, какие обыкновенно производит в душах задолжавших. Что рождающей – болезни рождения, то должнику наступающий срок.

Рост на рост – это злое исчадие злых родителей. Такие приплодия роста да назовутся порождением ехидниным! О ехиднах говорят, что они рождаются, прогрызая утробу матери; и рост отрождается, изъедая дом должника. Семена дают плод и животные приходят в зрелость с течением только времени, а рост сегодня рождается и с сего же дня начинает рождать. Животные, скоро начинающие рождать, скоро и перестают, а деньги, получив начало скорого приумножения, до бесконечности более и более приращаются. Все возрастающее, как скоро достигнет свойственной ему величины, перестает возрастать. Но серебро лихоимцев во всякое время по мере его продолжения само возрастает. Животные, когда их дети делаются способными к рождению, сами перестают рождать, но серебряные монеты у заимодавцев и вновь пребывающие рождают, и старые остаются в полной силе. Лучше тебе не знать по опыту сего чудовищного зверя!

Ты свободно смотришь на солнце. Для чего же завидуешь сам себе в свободе жизни? Ни один боец не избегает так ударов противника, как должник встречи с заимодавцем, стараясь спрятать голову за столпами и стенами. «Как же мне прокормиться?» – говоришь ты. У тебя есть руки, есть ремесло, наймись, служи; много промыслов в жизни, много способов. Но у тебя нет сил? Проси у имеющих. Но просить стыдно? А еще стыднее не отдать взятого взаем. Я говорю тебе это вовсе не как законодатель, но хочу показать, что все для тебя сноснее займа. Муравей может пропитаться, хотя не просит и не берет взаем, и пчела остатки своей пищи приносит в дар царям – но им природа не дала ни рук, ни искусства. А ты, человек, животное, изобретательное на промыслы, не можешь изобрести одного из всех промысла – чем тебе прожить?

Впрочем, видим, что доходят до займа не те, которые нуждаются в необходимом (им никто и не поверит в долг), но занимают люди, которые предаются безрасчетным издержкам и бесполезной пышности, раболепствуют женским прихотям. Жена говорит: «Мне нужно дорогое платье и золотые вещи и сыновьям необходимы приличные им и нарядные одежды, и слугам надобны цветные и пестрые одеяния, и для стола потребно изобилие». И муж, выполняя такие распоряжения жены, идет к ростовщику; прежде нежели получит в руки занятые деньги меняет одного на другого многих владык, непрестанно входя в обязательства с новыми заимодавцами, и непрерывностью сего зла избегает обличения в недостаточности.

И как одержимые водяною болезнью остаются в той мысли, что они тучны, так и этот человек представляет себя богатым, непрестанно то занимая, то отдавая деньги и новыми долгами уплачивая прежние, так что самою непрерывностью зла приобретает себе доверие к получению вновь. Потом, как больные холерою, непрестанно извергая вон принятую ими пищу и прежде, нежели желудок совершенно очищен, наполняя его новою пищею, опять подвергаются рвоте с мучительною болью и судорогами, так и эти люди, меняя один рост на другой и прежде, нежели очищен прежний долг, делая новый заем, на некоторое время повеличавшись чужим имуществом, впоследствии оплакивают собственное свое достояние. Как многих погубило чужое добро! Как многие, видев себя богатыми во сне, понесли ущерб!

Но говорят, что многие чрез долги разбогатели. А я думаю, что больше было таких, которые дошли до петли. Ты видишь разбогатевших, а не считаешь удавившихся, которые, не терпя стыда подвергнуться взысканию долгов, позорной жизни предпочли удавку и смерть. Видал я жалкое зрелище, как свободно рожденных за отцовские долги влекли на торг для продажи. Ты не можешь детям оставить денег? По крайней мере не отнимай у них и благородства. Сбереги для них это одно достояние – свободу, этот залог, полученный тобою от родителей. Никого никогда не винили за убожество отца, но отцовский долг доводит до тюрьмы. Не оставляй по себе рукописания, которое бы уподоблялось отеческой клятве, переходящей на детей и внуков.

Послушайте, богатые, какие советы даем мы бедным по причине вашего бесчеловечия, – лучше с терпением переносить другие бедствия, нежели те, которые бывают следствием роста. Но если бы вы повиновались Господу, то какая нужда была бы в сих словах?

Какой же совет дает Господь? *«Взаим»* дадите, от нихже не *«чаете восприяти»* (ср.: Лк.6:34–35). Скажешь:

какой же это заем, с которым не сопряжена надежда возвращения? Вникни в силу речения и подивишься человеколюбию Законодателя. Когда будешь давать бедному ради Господа, это будет и дар и заем – дар по безнадежности получить обратно, заем по великодаровитости Владыки, Который Сам за него заплатит и, взяв малость чрез бедного, воздаст за то великим. Ибо *«милуяй нища взаим дает Богови»* (Притч. 19, 17).

Ужели не захочешь, чтобы общий всех Владыка принял на Себя ответственность заплатить тебе? А ежели какой-нибудь богач в городе обещается заплатить за других, не примешь ли его поручительства? Но Бога не допускаешь платить за убогих? Отдай серебро, которое лежит у тебя напрасно, не отягощая бедного приращениями, и будет хорошо обоим – тебе, потому что серебро сбережется в безопасности, и взявшему у тебя, потому что он чрез употребление извлечет из него пользу. А если домогаешься прибытка, то удовольствуйся тем, какой получишь от Господа. Он за бедных заплатит и приращение. От Того, Который подлинно человеколюбив, ожидай человеколюбия.

Если берешь с бедного, то сие верх человеконенавистничества. Ты из чужих несчастий извлекаешь прибыль, со слез собираешь деньги, душишь нагого, бьешь голодного. У тебя нет жалости, нет и мысли о родстве со страдальцем – и ты называешь человеколюбивыми получаемые таким образом прибытки? *«Горе глаголющим горькое сладкое, и сладкое горькое»* (ср.: Ис. 5, 20) и называющим бесчеловечие человеколюбием. Не таково было гадание, которое Сампсон предлагал пирующим: *«от ядущаго ядомое изыде, и от крепкаго изыде сладкое»* (Суд.14:14), и от человеконенавистника вышло человеколюбие. Не *«объемлют от терния грозды, или от репия смоквы»*, и от роста – человеколюбия; *«всяко»* бо *«злое древо плоды злы творит»* (ср.: Мф. 7, 16–17).

Есть какие-то ростособиратели – то со ста, то с десяти (и самые названия их страшно слышать) – и какие-то помесячные взыскатели, которые как бесы, производящие падучую болезнь, по лунным кругообращениям нападают на бедных. Худая для обоих уплата, и для дающего, и для получающего! У одного производит ущерб в деньгах, у другого вредит самой душе. Земледелец, получив колос, не ищет опять под корнем семени, а ты и плоды берешь, и не прощаешь того, с чего получаешь рост. Ты без земли сеешь; не сеяв жнешь. Неизвестно, кому собираешь. Есть проливающий слезы от роста – это известно, но кто воспользуется приобретенным чрез это богатством – это сомнительно. Ибо неизвестно, не другим ли предоставишь употребление богатства, собрав для себя одно зло неправды.

Итак, *«хотящаго заяти не отврати»* (ср.: Мф. 5, 42) *«и сребра»* твоего *«в лихву»* не дай, чтобы, из Ветхого и Нового Завета научившись полезному, с благою надеждою отойти тебе ко Господу и там получить лихву добрых дел во Христе Иисусе Господе нашем, Которому слава и держава во веки веков. Аминь.

БЕСЕДА НА ПСАЛОМ 28-Й

«*Псалом Давиду, исхода скинии*». Двадцать восьмой псалом имеет общее надписание, ибо сказано: «*псалом Давиду*». Но имеет также и особенное, ибо присовокуплено: «*исхода скинии*». Что же это значит? Разберем, что такое «*исход*» и что такое «*скиния*», чтобы можно нам было войти в намерение псалма. Что касается смысла исторического, то кажется, что священникам и левитам по совершении ими своего дела давалось повеление помнить, что они должны приготовить к служению. Ибо входящих в скинию и оставляющих ее псалом учит, что им надлежит приготовить и что иметь при себе, когда придут в следующий раз, а именно: принести «*сыны овни, славу и честь, славу имени Его*», и знать, что нигде не подобает служить, как только «*во дворе*» Господнем и на месте Святыни.

Что же касается нашего ума, который созерцает возвышенное, и высоким, приличным Божию Писанию разумением усвояет нам закон, то представляется нам следующее: здесь разумеется не овен, то есть мужеский пол овец, не скиния, то есть храмина, сооруженная из неодушевленного вещества, не исход из скинии или удаление из храма, но сие тело, которое есть для нас скиния, как научил нас Апостол, сказав: «*Ибо сущии в скинии сей*[46] *воздыхаем*» (2Кор. 5, 4); и еще псалом: «*Рана не приближится селению*[47] *твоему*» (Пс. 90, 10). А исход из скинии есть отшествие из сей жизни, к которому Писание советует нам приготовляться, чтобы принести в дар Господу то или другое, потому что здешнее делание служит напутствием к будущей жизни. И кто здесь добрыми делами приносит славу и честь Господу, тот сам себе сокровиществует славу и честь во время праведного воздаяния Судии.

Во многих списках находим присовокупленные слова: (1) *«Принесите Господеви сынове Божии»*. Ибо не от всякого дар благоприятен Богу, но только от того, кто приносит от чистого сердца. Сказано: *«Нечисты обеты от мзды блудницы»* (Притч. 19, 13). И Иеремия также говорит: *«Еда обеты и мяса святая отымут от Тебе лукавства»* или ты чрез них будешь чист (ср.: Иер. 11, 15)? Посему псалом требует, чтобы мы прежде всего стали сынами Божиими и тогда уже приступали приносить дары Богу, и дары не какие случилось, но какие он Сам повелел. Сперва скажи: *«Отче»*! А потом проси, что следует далее. Испытай сам себя, какова доселе была жизнь твоя: достоин ли наименовать отцом своим Святого Бога? Только чрез освящение можно нам вступить в общение со Святым. Если желаешь всегда быть сыном Святого, то пусть усыновит тебя Святыня. Посему *«принесите Господеви»* не всякий, кто бы то ни был и от кого бы кто ни происходил, но *«сынове Божии»*. Он потребует великих даров, потому избирает и великих приносителей. Чтобы не низринуть помыслов твоих долу и не заставить тебя искать овна, сего бессловесного, четвероногого и блеющего животного, в надежде умилостивить Бога сею жертвою, псалом говорит: *«Принесите Господеви сынове Божии»*. Не сын нужен и не то, чтобы ты принес самого сына; но если сын есть нечто великое, то прилично, чтобы и приносимое было велико и достойно как сыновнего расположения, так и отцова достоинства.

Посему говорит: *«Принесите сыны овни»*, дабы и приносимые сами переменились, и из сынов овних стали сынами Божиими. Овен есть животное начальственное; он водит овец на питательные пажити, на место отдохновения при водах и обратно в загоны и ограды. Таковы же и некоторые предстоятели стада Христова; они приводят его к доброцветным и благоуханным снедям духовного учения, по дару Духа орошают живою водою, возвышают, воспитывают до плодоношения, указывают путь к месту упокоения, к пристанищу, безопасному от наветующих. Посему слово хочет, чтобы их сыны были приведены ко Господу сынами Божиими. Если же овны суть предводители прочих, то сынами их будут те, которые, по учению предстоятелей, чрез попечение о добрых делах образовали себя для жизни добродетельной. *«Принесите Господеви сынове Божии, принесите Господеви сыны овни»*. Понял ли ты, к кому обращена речь? Понял ли, о ком говорится?

Сказано: *«Принесите Господеви славу и честь»*. Как же мы, земля и пепел, великому Господу приносим славу? Как приносим Ему честь? Мы приносим славу добрыми делами, когда дела наши бывают светлы пред человеками, и люди видят дела наши и прославляют Отца нашего, Который на небесах (см.: Мф. 5, 16). А также можно прославить Бога целомудрием и святостью, к какой обязаны давшие обет благочестивой жизни, как увещевает нас Павел, говоря: *«Прославите убо Бога в телесех ваших»* (1Кор. 6, 20). Сей-то славы требует Господь от верующих в Него и почтенных даром сыноположения, ибо говорит: *«Сын славит отца... и аще отец есмь Аз, то где слава Моя?»* (Мал.1:6). А честь приносит Богу, по слову Притчи, кто *«чтит Господа от праведных своих трудов и дает Ему начатки от своих плодов правды»* (ср.: Притч. 3, 9).

Также всякий, кто богословствует по предписанному, чтобы не отпасть от правого разумения об Отце и о Божестве Единородного и о славе Святаго Духа, приносит Господу славу и честь. Возвеличивает же славу тот, кто может показать законы, по которым все создано, по которым все содержится, по которым после здешнего домостроительства все приведется на суд. Кто возмог сам созерцать все в подробности, в ясных и неслитных представлениях и после того как сам созерцал, может и другим изобразить благость Божию и праведный суд Его, тот приносит Господу славу и честь, равно как и тот, кто проводит жизнь, сообразную с таковым созерцанием, потому что свет его светится пред человеками и Отец Небесный прославляется от него и словом, и делом, и всякого рода доблестями. Но не приносит Господу славы и чести, кто пристрастен к славе человеческой, кто уважает деньги, кто дорого ценит плотские удовольствия, кто дивится учениям, чуждым благочестия: ибо как добрыми делами приносим славу Господу, так худыми делами производим противное.

Что говорит Господь грешникам? *Вас ради присно имя Мое хулится во языцех* (Ис. 52, 5). А Апостол говорит еще: *Преступлением закона Бога безчествуеши* (Рим.2:23). Ибо оскорбление законодателю – презрение и пренебрежение законов. Если в доме худое устройство, потому что в нем гнев и крик, обиды и смех, роскошь и расточительность, нечистота и наглость, то бесчестие и стыд за все происходящее в доме падает на владеющего им. Из сего да уразумеем, что как добрыми делами прославляется Бог, так делами порочными славится враг. Когда *взем уды Христовы, сотворю уды блудничи* (ср.: 1Кор. 6, 15), тогда и слава от Спасшего меня перенесена будет мною на погубившего меня. И неверующий изменяет *славу нетленнаго Бога* в образ *тленна человека, и птиц, и четвероног, и гад» земных* (ср.: Рим.1:23). Также воздающий честь и служащий твари вместо Творца приносит славу не Богу, но тварям. Посему, кто говорит, что тварь есть нечто, и кланяется ей, тот да знает, куда будет вчинен жребий его.

Итак, убоимся, чтобы, грехом своим доставляя славу и похваление диаволу, не подвергнуться нам вечному с ним стыду. А что грех наш обращается в славу тому, кто внушает его нам, уразумей это из подобия. Два военачальника вступают в сражение. Когда побеждает одно войско, предводитель его приобретает славу, а когда одерживает верх противное войско, вся честь принадлежит полководцу сего другого войска. Так в добрых делах твоих прославляется Господь, а в противных – противник. Не представляй, что враги далеко, и на военачальников смотри не издали, но обрати взор на себя самого, и найдешь совершенную верность подобия. Ибо когда ум борется со страстью и своим усилием и внимательностью одерживает верх, тогда торжествует он победу над страстью и успехом своим как бы увенчивает Самого Бога, а когда, ослабев, поддается сластолюбию, тогда, сделавшись рабом и пленником грехов, доставляет врагу случай к похвальбе, превозношению и высокомерию.

(2) *«Поклонитеся Господеви во дворе святем Его»*. По принесении требуемых плодов нужно поклонение, поклонение, совершаемое не вне церкви, но в самом дворе Божием. Псалом говорит: не придумывайте особенных дворов и сходбищ. Святой двор Божий один. Прежде двором сим была иудейская синагога, но после того как согрешили иудеи против Христа, *«двор их пуст»* (Пс. 68, 26). Посему и Господь говорит: *«И ины овцы имам, яже не суть от двора сего»* (Ин.10:16), и разумея тех, которые из язычников предопределены ко спасению, показывает,

что у Него есть собственный Свой двор, кроме двора иудеев.

Посему надобно поклоняться Богу не вне святого двора сего, но находясь внутри его, чтобы, оставаясь вне и увеселяясь внешним, не потерять и права быть во дворе Господнем. Ибо многие по наружности стоят на молитве, но не суть во дворе, потому что мысль их носится там и здесь и ум развлечен суетою заботы. Но под двором, в смысле более возвышенном, можно еще разуметь небесную обитель. Посему которые здесь *«насаждени в дому Господни»* – что есть Церковь Бога Живаго, – те и там, *«во дворех Бога нашего процветут»* (Пс. 91, 14). А кто боготворит чрево или славу, или серебро, или другое что предпочитаемое им всему прочему, тот *«не поклоняется Господу»*, тот не *«во дворе святем»*, хотя бы и казался достойным видимых собраний.

(3) *«Глас Господень на водах»*. Во многих местах найдешь употребленным слово *«глас»*. Посему, чтобы понять, что такое *«глас Господень»*, не напрасно будет собрать нам по возможности, что в Божественном Писании сказано о гласе. Так в пророчестве Аврааму: *«И абие глас Господень бысть к нему, глаголющий: не будет сей наследник твой»* (Быт. 15, 4). Также при Моисее: *«И вси людие зряху глас и свещи»* (Исх. 20, 18). И еще у Исаии: *«Глас вопиющаго: возопий»* (Ис. 40, 6). У нас голос есть или сотрясенный воздух, или такое видоизменение в положении воздуха, какое хочет сообщить ему издающий голос.

Что же такое *«глас Господень»*? Разуметь ли сотрясение в воздухе, или что сотрясенный воздух достигает слуха того, к кому глас? Или не бывает ничего подобного, но глас сей совершенно иного рода и слышащим его представляет себя владычественное в том человеке, которому Бог хочет явить собственный Свой глас, так что представление сие имеет сходство с тем, что бывает нередко во сне? Ибо как без сотрясения воздуха, вследствие представлений, бывающих во сне, удерживаем в памяти некоторые слова и звуки, не чрез слух приняв голос, потому что он напечатлен в самом сердце нашем, так чем-то подобным сему должно представлять и тот глас, который бывает к Пророкам от Бога.

«Глас Господень на водах». Если искать смысла чувственного, то поскольку облака, когда они наполнены водою, сталкиваясь между собою, издают звук и треск, и здесь сказано: *«Глас Господень на водах»*. Но также, если бывает шум от вод, рассекаемых какими ни есть преградами, и если море, возмущаемое ветром, волнуется и издает сильный звук, то сии неодушевленные вещества имеют глас от Господа, по указанию Писания, что всякая тварь едва не вопиет, возвещая о своем Создателе. И когда раздается гром из облаков, не иное что должно представлять, а то, что *«возгреме Бог славы»* и что Господь Своею силою содержит влажное естество.

«Господь на водах многих». Из истории миротворения знаем, что есть вода превыше небес, также вода бездны, и еще вода – собрание морей. Кто же содержит воды сии и не попускает им, по естественному их стремлению, падать вниз, Кто, если не Господь, Который имеет власть над водами? А может быть, что в смысле более таинственном сказано: *«Глас Господень на водах»*, когда при Крещении Иисуса был глас свыше: *«Сей есть Сын Мой возлюбленный»* (Мф. 3, 17). Ибо тогда был Господь *«на водах многих»*, освещая воды Крещением, и *«Бог славы»* велегласным свидетельством *«возгреме»* свыше. И крещаемым возглашается оставленный Господом глас, ибо сказано: *«Шедше научите вся языки, крестяще их во имя Отца и Сына и Святаго Духа»* (Мф. 28, 19).

Итак, *«глас Господень на водах»*. Гром составляется, когда сухой и сильный дух, заключенный в пустотах облака, с напряжением вращающийся по облачным пустотам, ищет выхода вон. Облака, противящиеся сильному давлению, трением о них духа производят тот резкий звук. А когда облака, как надутые пузыри, не возмогут противиться духу и удерживать его, тогда они, будучи сильно расторгаемы и пропуская дух, стремящийся вон, производят громовые удары. Это же обыкновенно производит и молнию.

Итак, Господь, сущий на водах и творящий великие громовые удары, и в нежном естестве воздуха производит такую чрезмерность треска. А тебе, и в церковном смысле, то сообщение догматов, которое по Крещении с евангельским громогласием производится в душах людей уже совершенным Таинством, можно назвать громом. А что Евангелие есть гром, это доказывают ученики, переименованные Господом и названные сынами громовыми. Посему не во всяком раздается глас такового грома, но разве кто достоин именоваться колесом, ибо сказано: *«Глас грома твоего в колеси»* (Пс. 76, 19); разве кто простирается вперед, как колесо, малою частью касается земли и совершенно таков, каково было колесо, о котором сказал Иезекииль: *«И видех, и се, коло едино на земли держащееся животных четырех: и видение колес, и сотворение их, яко видение Фарсиса»* (Иез. 1:15–16).

Итак, *«Бог славы возгреме, Господь на водах многих»*. Воды – это святые, потому что из чрева их текут реки, то есть духовное учение, напояющее души слушающих (см.: Ин. 7:38). И еще: они приемлют в себя воду, текущую в Живот Вечный, которая в хорошо приявших делается *«источником воды текущия в живот вечный»* (ср.: Ин. 4:14). И на таковых водах – Господь. Припомни историю Илии, *«егда заключися небо три лета и месяц шесть»* (Лк. 4:25), когда во время ясной погоды, на вершине Кармила услышал он голос вод многих, а за сим последовало и то, что гром был из облаков и потекла вода (см.: 3Цар. 18, 42–45). Итак, *«Господь на водах многих»*.

(4) *«Глас Господень в крепости»*. Как бывает глас в колесе, так глас Господень состоит в крепости, ибо кто *«вся может о укрепляющем Христе»* (ср.: Флп.4:13), тот слышит и исполняет заповеди Господни. Посему глас Господень не в немощной и расслабленной душе, но в той, которая с напряжением и крепостию творит добро.

«Глас Господень в великолепии». Великолепие есть доблесть особенно великая. Посему кто с благоприличием совершает все, что входит в какое-нибудь великое деяние, тот называется великолепным. Когда душа не будет раболепствовать мудрованию плоти, но в сознании того, что дано ей от Бога, восприемлет приличные ей величие и достоинство, тогда в ней *«глас Господень»*. Кто имеет не тесные понятия о Боге, кто с высокой точки зрения исследовал законы тварей, возмог, по крайней мере несколько, постигнуть благость Божия Промысла и, сверх того, не щадит издержек, но щедр, когда потребно исправить нужды братий, тот великолепен. И в таковых вселяется *«глас Господень»*. Ибо в подлинном смысле великолепный презирает все телесное, признавая оное не имеющим никакой цены в сравнении с невидимым. Того, кто великолепен, никакое обстоятельство не оскорбит, вообще никакое страдание его не возмутит, проступки людей негодных и презренных не приведут его в движение, нечистота плоти не унизит его, он недоступен унизительным страстям, которые не могут возвести на него очей по причине высоты его мыслей. Приписывается же и Богу некоторое великолепие, например: *«взятся великолепие Твое превыше небес»* (Пс. 8, 2). Посему те, которые имеют о Боге великие представления, превозносят Его великолепие.

(5) *«Глас Господа сокрушающаго кедры»*. Кедр иногда похваляется в Писании как дерево долговечное, не подверженное гниению, благовонное, годное служить покровом; а иногда порицается как дерево бесплодное, с трудом сгибаемое и потому употребляемое в подобие нечестивого: *«видех нечестиваго превозносящася, и высящася, яко кедры Ливанския»* (Пс. 36, 35). В последнем значении взят кедр и теперь. Ибо глас Господень сокрушает кедры. Как глас сей бывает в душе великолепной, так говорится, что он сокрушает всуе надмевающихся, превозносящихся мнимыми преимуществами мира сего – богатством, или славою, или властью, или телесною красотою, или силою, или крепостью.

«И стрыет Господь кедры Ливанския». Кто, захватив чужое, обращает это для себя в предмет похвальбы, тот кедр Ливанский. Как кедры, сами по себе высокие, стоя на высокой горе, от высоты ее делаются еще виднее, так и эти люди, опираясь на то, что есть тленного в мире, по высокомерию и кичению ума делаются кедрами. Называются же кедрами Ливанскими, потому что гордятся чужою высотою и потому что земля и все земное, подобно вершине Ливана, возносят их и делают высокомерными. Но не все кедры сокрушает Господь, а только кедры Ливанские, потому что Ливан есть место идолослужения. И души, *«взимающияся на разум Божий»* (ср.: 2Кор. 10, 5), называются кедрами Ливанскими и осуждаются на сокрушение.

А есть и кедры Божии, которые покрыты ветвями винограда, перенесенного из Египта, как видим в псалмах: *«покры горы сень его, и ветвия его кедры Божия»* (Пс. 79, 11). Поскольку, сверх других понятий о Христе, имеем и то, что Господь наш называется лозою виноградною: *«Аз есмь лоза»*, говорит Он, *«вы (же) рождие»* (ср.: Ин.15:5), то есть все те, которые прежде были бесплодны и годны на сожжение, вступив под кров Христов и как бы облекшись в Него, благодатию Его покрыли бесплодие своей жизни, суть кедры Божии. Посему кедры Божии охраняются обвившимися около них благоплодными ветвями, а кедры Ливанские сокрушает Господь.

(6) *«И истнит я яко тельца Ливанска»*. Припомни, что в книге Исхода сказано о тельце, который слит был для идолослужения и которого Моисей *«истнил»* и напоил народ (см.: Исх. 32, 20). Наподобие сего тельца Господь истребит весь Ливан и преобладающий в нем обычай идолослужения.

«И возлюбленный яко сын единорожь». Единородный Сын, дающий жизнь миру, когда приносит Себя в *«приношение и жертву Богу»* за грехи наши (ср.: Еф. 5, 2), тогда именуется и *«агнцем Божиим и овчатем»* (*«се, – говорится, – агнец Божий»* – Ин. 1, 29; и еще: *«яко овча на заколение ведеся»* – Деян.8:32). А когда нужно Ему отмстить и низложить владычество, превозмогшее над родом человеческим, какую-то зверонравную и ожесточенную силу, тогда называется *«сыном единорога»*. Ибо единорог, как знаем из Иова, есть животное, по силе неодолимое, людям не покоряющееся; о нем сказано, что *«не привяжеши его ремением и не поспит при яслех»* (ср.: Иов. 39, 10, 9). В том же месте пророчества говорится многое другое о любви сего животного к свободе и о неповиновении его человеку.

Замечательно и то, что Писание двояко употребляет подобие единорога: и в похвалу и в осуждение. Ибо сказано: *«Избави от оружия душу мою... и от рог единорожь смирение мое»* (Пс. 21, 21–22). И сие говорится в укоризну браннолюбивому народу, который восстал на Него во время страдания. В другом месте сказано: *«Вознесется яко единорога рог мой»* (Пс. 91, 11). Посему кажется, что по мстительности сего животного часто берется оно для уподобления в худую сторону, а по высоте рога и по любви к свободе употребляется вместо подобия и в хорошую сторону. И вообще, поскольку в Писании можно находить, что слово *«рог»* многократно употреблено в значении славы, как то: *«вознесет рог людей Своих»* (Пс. 148, 14), и *«рог его вознесется в славе»* (Пс. 111, 9); или, поскольку слово *«рог»* часто берется в значении силы, как то: *«защититель мой, и рог спасения моего»* (Пс. 17, 3), а Христос есть Божия сила (см.: 1Кор. 1, 24), то Он, как имеющий один рог, то есть одну силу, силу Отца, называется единорогом.

(7) *«Глас Господа пресецающаго пламень огня»*. Пламень огня был пресечен и в Вавилоне, как видим из истории трех отроков, когда печь разливала его на сорок девять локтей и пожигала всех стоящих около (см.: Дан.3:47), пресеченный же повелением Божиим пламень принял в себя дух и доставил отрокам самое приятное дуновение и прохладу, так что они находились в спокойном состоянии, как бы под древесною тенью. Ибо сказано: был *«яко дух росы шумящ»* (ср.: Дан.3:50).

И гораздо удивительнее пресечение огненного естества, нежели разделение на части Чермного моря. Но глас Господень пресекает естественную неразрывность и связность огня. Хотя по человеческим понятиям огонь кажется нерассекаемым и неделимым, однако же по повелению Божию он пресекается и разделяется. Думаю же, что огонь, уготованный в наказание диаволу и аггелам его, пресекается гласом Господним на тот случай, чтобы из двух сил, свойственных огню, – а именно силы сожигать и силы освещать – грозное и карательное в огне предоставлено было достойным сожжения, а светоносное и светозарное отделено было в отраду веселящимся. Посему *«глас Господа, пресецающаго»* и разделяющего *«пламень огня»*, нужен для того, чтобы огнем наказания стало несветлое, а светом упокоения осталось несожигающее.

(8) *«Глас Господа стрясающаго пустыню»*. Самое сотрясение пустыни Господом обращается ей в благодеяние, чтобы она, изменившись, из пустыни стала землею обитаемою и, сложив с себя позор бесчадия, приобрела похвалу многочадия *«яко многа чада пустыя паче, нежели имущия мужа»* (ср.: Ис. 54, 1), и чтобы бывшее дотоле пустынею, наполнившись водами Духа, обратилось *«во езера водная»* (Пс. 106, 35).

«И стрясет Господь пустыню Каддийскую». Посему не всякую пустыню сотрясает Господь, но только пустыню Кадес, то есть освящение, ибо Кадес значит «освящение».

(9) *«Глас Господень свершающий елени»*. Сообразно с предыдущим должно изъяснить и совершение *«еленей»*, какое производит глас Господень. Олень имеет такое устройство, что ему не могут вредить пресмыкающиеся, но, как говорят естествонаблюдатели, съеденная им ехидна служит для него очищением. А все ядовитые животные берутся в изображение злых и противных сил, как говорит Господь: *«Даю вам власть наступати на змию и на скорпию и на всю силу вражию»* (Лк.10:19), и как еще псалом обещает Пророку: *«На аспида и василиска наступиши»* (Пс. 90, 13). Посему, когда слышишь в Писании имя оленя, необходимо искать в слове изображения чего-то лучшего. Ибо *«горы высокия еленем»* (Пс. 103, 18) и *«желает елень на источники водныя»* (Пс. 41, 2).

Но и всякий праведник имеет пребывание в вышних, *«к намеренному гоня, к почести вышняго звания»* (ср.: Флп.3:14), и прибегает к удобопиемым источникам, ища первых начал богословия. Олень же дыханием своим извлекает ядовитых гадов, кроющихся в гнездах, и силою сего дыхания заставляет выходить из убежищ. Посему святой, как именуется орлом за свою превыспренность и большею частью отделенность от земли, овцою – за кротость и готовность делиться всем, что имеет, овном – за то, что предводит других, голубицею – за незлобие, так и оленем – за противодействие злу. Посему и Соломон говорит: *«Елень любве и жребя твоих благодатей да беседует тебе»* (Притч. 5, 19), а сим дает нам разуметь, что упомянутые теперь олени способны к учению богословия. *«Глас Господень свершающий елени»*. Посему, когда увидим какого-либо Божия человека, совершенного и во всем преуспевшего, будем усиленно искать пользы в беседах с ним! Где есть олень, оттуда прогоняется всякая пресмыкающаяся злоба, потому что ядовитые гады не терпят запаха сего животного, бегут даже оттуда, где есть запах оленьих рогов.

«И открыет дубравы». Сперва глас Господень *«свершает елени»*, а потом *«открывает дубравы»* – места, заросшие деревьями, покрытые чащами диких и бесплодных растений, куда преимущественно привыкли убегать ядовитые гады. Поскольку же олень, свершаемый Господом, уже приуготован, то уподобляемый ему праведник *«открывает дубравы»*, чтобы преданы были обнаженные и уготованные растлители нашей жизни. И как *«всяко древо, еже не творит плода добра, посекаемо бывает»* секирою *«и во огнь вметаемо»* (ср.: Мф. 3, 10), то по необходимости очищаются дубравы – те огрубелые души, в которых, как дикие животные, гнездятся различные греховные страсти, очищаются же словом, которое есть *«острейше паче всякаго меча обоюду остра»* (ср.: Евр. 4, 12).

Поскольку же у многих из людей, обремененных житейскими заботами, души подобны земле, приносящей терние, и оно не позволяет душе питаться в плодоношение слова, *«то Господь открывает дубравы»*, то есть неприличие, непристойность и вред забот сей жизни, чтобы, когда откроется место добру и злу, люди не имели, по неведению, превратных суждений о вещах. Ибо многие и добро, когда оно трудно, почитают злом, а за худым гоняются, как за добрым, по причине соединенного с ним удовольствия. И заблуждение людей в таких делах неописанно. Потому к роду благ принадлежат деревья плодоносные и все кедры и ими означается нечто похвальное, а к роду зол – дубравы, которые открывает и обнаруживает глас Божий, чтобы не обманывались думающие найти в них какой-либо полезный плод.

«И в храме Его всякий глаголет славу». Да слышат слова псалма и да стыдятся те, которые предаются многоглаголанию. Что говорит псалом? Кто в храме Божием, тот не злословит и возвещает не суету, не что-либо исполненное срама, *«но в храме Его всякий глаголет славу»*. Здесь стоят святые Ангелы и записывают твои слова, здесь Сам Господь, и назирает расположение входящих. Молитва каждого открыта пред Богом; Ему открыто, кто по расположению, кто разумно просит небесного, кто только для вида, одними краями уст выговаривает слова, а сердце его далеко отстоит от Бога, кто хотя и молится, но просит здоровья телесного, плотского богатства, человеческой славы. Ни о чем же подобном не должно молиться, как научает псалом, *«но в храме Его всякий глаголет славу»*. *«Небеса поведают славу Божию»* (Пс. 18, 2).

Занятие Ангелов – славословить Бога. Для всего небесного воинства одно дело – воссылать славу Создателю. Всякая тварь, и безмолвная и вещающая, и премирная и земная, славит Создавшего. А жалкие люди, оставив дома и стекшись в храмы, чтобы получить там некоторую пользу, не преклоняют слуха к словесам Божиим, не приходят в сознание своей природы. Не скорбят о том, что ими обладает грех, не скорбят, приводя себе на память грехи свои, не трепещут суда, но, с улыбкою простирая друг к другу руки, дом молитвы делают местом длинных бесед, не внимая псалму, который свидетельствует и говорит, что в храме Божием *«всякий глаголет славу»*. А ты не только сам не глаголешь славы, но и другому служишь препятствием, обращая его внимание на себя и своим шумом заглушая учение Духа. Смотри, вместо того чтобы получить награду за славословие, не выйди отсюда осужденным вместе с хулящими имя Божие.

У тебя есть псалом, есть пророчество, евангельские заповеди, апостольские проповеди. Пусть поет язык, пусть ум изыскивает смысл сказанного, чтобы воспеть тебе духом, воспеть же и умом. Бог не требует славы, но хочет, чтобы ты стал достоин прославления. Посему *«еже сеет человек, тожде и пожнет»* (ср.: Гал.6:7). Посей славословие, чтобы пожать себе венцы и почести, и похвалы в Царстве Небесном. Сие не без пользы сказано мною, в виде отступления, на слова: *«во храме Его всякий глаголет славу»*, потому что есть люди, которые во храме Божием непрестанно пустословят и без пользы ходят во храм. И хорошо еще, если без пользы, а не со вредом!

(10) *«Господь потоп населяет»*. Потоп есть разлитие воды, которая делает невидимыми все вещи и очищает, что прежде было осквернено. Посему потопом Пророк называет благодать Крещения, чтобы душа, омытая от грехов и очищенная от ветхого человека, соделалась наконец способною стать Божиею обителью в Духе. Согласно же с сим сказанное и в тридцать первом псалме, где после слов: *«беззаконие мое познах, и греха моего не покрых... за то помолится к Тебе всяк преподобный»*,

Пророк присовокупил: *«обаче в потопе вод многих к нему не приближатся»* (Пс. 31, 5–6), ибо не приблизятся грехи к принявшему Крещение отпущения грехопадений водою и Духом. Близко к сему и то, что находим в пророчестве Михея: *«Яко Волитель милости есть»*. *«Той обратит и ущедрит ны, и погрузит неправды наша и ввержет в глубины морския»* (Мих. 7, 19–20).

«И сядет Господь Царь в век». Бог, утвердившись в душе, просветленной потопом, делает ее как бы Престолом Своим.

(11) *«Господь крепость людем Своим даст, Господь благословит люди Своя миром»*. От народа грешного Господь отымет *«крепкаго и крепкую»* (ср.: Ис. 3, 1), а народу, творящему правду, даст крепость. Посему *«имущему везде дано будет»* (Мф. 25, 29). А кто приобрел силы к совершению добрых дел, тот делается достойным Божия благословения. Но мир, как благоустройство владычественного в человеке, кажется мне, есть совершеннейшее из благословений, почему одним из признаков мирного мужа полагается умерение нрава; боримый же страстями не причастен мира Божия, какой даровал Господь ученикам Своим и который, как *«превосходяй всяк ум, да соблюдет»* души достойных (ср.: Флп.4:7). Сего-то мира и Апостол испрашивает Церквам, говоря: *«Благодать вам и мир да умножится»* (1Пет. 1, 2). О если бы и нам, добре подвизавшись и низложив *«мудрование плотское»*, которое есть *«вражда на Бога»* (ср.: Рим.8:7), когда душа придет в спокойное и безмятежное состояние, именоваться сынами мира и в мире приобщиться Божия благословения о Христе Иисусе, Господе нашем, Которому слава и держава ныне и всегда и во веки веков! Аминь.

БЕСЕДА НА ПСАЛОМ 29-Й

(1) *«Псалом песни обновления дому Давидова»*. Состав тела, в переносном смысле, есть псалтирь и орган, мусикийски настроенный для хвалебных песнопений Богу нашему; телесные же действия, совершаемые во славу Божию, когда под управлением благонастроенного ума не допускаем ничего нестройного в движениях своих, составляют псалом, а что соединено с выспренним созерцанием и богословием, то есть песнь. Посему псалом есть музыкальная речь, когда по законам гармонии мерно ударяют в орган, а песнь есть стройный голос, выводимый гармонически и взятый отдельно от звуков органа. Так как здесь написано: *«псалом песни»*, то думаем, что в сих словах разумеется действие, сообразное с созерцанием.

Но сей *«псалом песни»* по надписанию содержит в себе какую-то речь об «обновлении дома». И кажется, что в смысле вещественном псалом сей, петый под звуки псалтиря, указывает на знаменитый храм, воздвигнутый во времена Соломона, а в смысле духовном он означает воплощение Бога Слова, и надписание псалма указывает на обновление Его дома, новым и необыкновенным образом устроенного. Ибо находим, что в псалме сем многое возвещено от лица Господня. Или, может быть, под домом прилично будет разуметь созданную Христом Церковь, как и Павел в Послании к Тимофею пишет: *«Да увеси, како подобает в дому Божии жити, яже есть*

Церковь Бога жива» (1Тим.3:15). Под обновлением же Церкви должно разуметь обновление ума, совершаемое Духом Святым в каждом из восполняющих Тело Церкви Христовой. И псалом сей есть божественная и мусикийская гармония; он содержит в себе слова, не слух увеселяющие, но низлагающие и укрощающие лукавых духов, которые смущают души, подверженные их нападениям.

(2) *«Вознесу Тя, Господи, яко подъял мя еси, и не возвеселил еси врагов моих о мне».* Каким же образом Обитающий в вышних может быть вознесен получившими в удел страну низкую? Ежели Бог на небеси – гор!е, а ты на земле – д!олу, то как вознесешь Бога? Итак, что же означает у Пророка такое обещание? Не то ли разумеется, что возносят Бога способные составить о Нем великие и достойные понятия, живущие во славу Божию? Посему разумно поспешающий к блаженству возносит Бога, а идущий противоположным путем (невозможно и выразить, в какой степени) унижает Бога.

Да и всякое состояние, соответствующее нашим делам, мы как бы переносим на Самого Бога. Посему, когда мы нерадивы и медленно действуем, говорится, что Бог спит, почитая нас недостойными бодрственного Своего над нами надзора. А как скоро, почувствовав вред от сна, скажем: *«Востани, Вскую спиши, Господи»* (Пс. 43, 24), *«не воздремлет, ниже уснет храняй Израиля»* (Пс. 120, 4). А другие как бы отвращают от себя очи Божии, потому что делают постыдное и недостойное очей Божиих. Раскаивающиеся же говорят: *«Вскую лице Твое отвращаеши».* И кроме сих есть еще изринутые из памяти Божией и как бы производящие в Боге забвение о них. Таковые говорят: *«Забываеши нищету нашу и скорбь нашу»* (Пс. 43, 25). И вообще, что говорится о Боге человекообразно, то производят люди, делая для себя Бога таким, каким каждый сам себя предуготовил.

Итак, *«вознесу Тя, Господи, яко подъял мя еси, и не возвеселил еси врагов моих о мне»*. Не потерплю в жизни моей ничего низкого, ничего презренного. И откуда во мне сила возносить? Потому имею ее, что Ты предварительно *«подъял мя еси»*. Выразительно сказал Пророк: *«Подъял мя еси»* – вместо: вознес меня и поставил выше восстающих на меня. Ты подъял, как иной, подняв рукою отрока, не умеющего плавать, ведет его на верх воды. Посему кто при помощи Божией востал от падения, тот обещает Богу возношение добрыми делами. Или – Ты подъял, как иной ослабевающего борца, поддержав в минуту падения и сделав сильнее соперника, доставляет ему случай победить, а противника лишает радости о его падении.

Но не ско́рби, для испытания посылаемые святым, доставляют веселие невидимым врагам нашим; напротив того, когда падаем под тяжестью скорбей и от утомления многочисленными бедствиями рассудок наш приходит в недоумение, они веселятся, рукоплещут и радуются. Так было с Иовом. Он потерял имение, лишился детей, плоть его воскипела гноем и червями; но и это – не веселие врагу! Если бы он, уступив бремени несчастий, по совету жены сказал какое-нибудь хульное слово, то враги возвеселились бы о нем. Когда и Павел терпел голод и жажду, наготу и побои, трудился и скитался (см.: 1Кор. 4, 11–12), враг не веселился, а напротив того, сокрушался, видя, что так он переносит подвиг и с презрением ко врагу говорит: *«Кто ны разлучит от любве Божия»* (Рим.8:35)?

(3) *«Господи Боже мой, воззвах к Тебе, и исцелил мя еси»*. Блажен, кто знает внутреннюю язву свою, может прийти ко Врачу и сказать: *«Исцели мя, Господи, яко смятошася кости моя»* (Пс. 6, 3), и *«аз рех: Господи, помилуй мя, исцели душу мою, яко согреших Ти»* (Пс. 40, 2). Но здесь Пророк приносит благодарение за поданное

ему исцеление, ибо говорит: *«Господи Боже мой»*. Бог есть Бог не всех, но только тех, которые по любви стали Ему Свои; Он *«Бог Авраамов и Бог Исааков и Бог Иаковль»* (Исх. 4, 5). Если бы был Бог всех, то не присвоил бы сего им исключительно. И еще Иаков говорит: *«Поможе тебе Бог мой»* (Быт. 49, 25). И Фома, по удостоверении своем объемля Владыку, говорит: *«Господь мой и Бог мой»* (Ин.20:28).

Итак, воззвание *«Господи Боже мой»* излилось у Пророка из сердца и прилично его состоянию. *«Воззвах к Тебе, и исцелил мя еси»*. Не было промежутка между моим воззванием и Твоею благодатию; едва воззвал я, как и пришло исцеление, ибо сказано: *«Еще глаголющу ти, речет: се, приидох»* (Ис. 58, 9). Посему молящийся Богу должен говорить не маловажное, чтобы пришло к нам скорое исцеление.

(4) *«Господи, возвел еси от ада душу мою»*. За такое исцеление благодарит Бога нисшедший от изнеможения во ад, но возведенный из ада силою Того, Кто за нас низложил *«имущаго державу смерти»* (ср.: Евр. 2, 14).

«Спасл мя еси от нисходящих в ров». Часто рвами называются подземелья, устроенные для содержания в них узников, так как сказано в книге Исхода: *«От первенца Фараонова... до первенца пленницы, яже в рове»* (Исх. 12, 29). Да и Иеремию ввергли в ров, и Иосифа братья по ненависти заключили во рву, не имеющем воды. Но всякий поступок или низводит нас долу, отягчая грехом, или возносит горе, окрыляя нас к Богу. Посему Ты спас меня, который доселе вел порочную жизнь, и спас, отделив от нисходящих в место потемненное и холодное. То же значат слова: *«подъял мя еси»*, то есть удержал меня от стремления долу, чтоб не дать случая порадоваться врагам моим. Как в другом сказал: *«Совершаяй нозе мои яко елени, и на высоких поставляяй мя»* (Пс. 17, 34), так

здесь возвращение вверх именует освобождением из рва и подъятием.

(5) *«Пойте Господеви преподобнии Его»*. Не всякий тот поет *«Господеви»*, кто произносит устами слова псалма, но все, которые от чистого сердца воссылают псалмопения, все, которые преподобны и хранят правду пред Богом, все таковые могут петь Богу, верно соблюдая духовные размеры. Сколь многие пришли сюда, сделав блуд! Сколь многие скрывают в сердце обман или ложь! Они представляют себя поющими, но не поют в действительности. Ибо псалом приглашает к псалмопению преподобного. *«Не может... древо зло плоды добры творити»* (Мф. 7, 18) и порочное сердце износить из себя слова жизни. Посему *«сотворите древо добро, и плод его добр»* (Мф. 12, 33). Очистите сердца, чтобы плодоносить Духу и, став преподобными, прийти в состояние разумно петь Господу.

«И исповедайте память святыни Его». Не сказал: исповедайте святыню Его, но *«память святыни Его»*, то есть благодарите. Ибо здесь исповедание берется вместо благодарения. Посему благодарите, что имеете *«память святыни Его»* вы, которые прежде, погрузившись во грехи и осквернившись нечистотами плоти, дошли до забвения святыни Сотворившего вас. А для исходатайствования прощения за грехи исповедайтесь в том, что учинено вами нездравого.

(6) *«Яко гнев в ярости Его, и живот в воли Его»*. Сперва напомнил грозно: *«гнев в ярости»* Божией, потом радостное: *«живот в воли Его»*. Неспособным доходить до точности назначений кажется тождеством сказанное у Пророка: *«яко гнев в ярости»* Божией, потому что гнев и ярость, по их мнению, одно и то же, но в сих словах весьма большое различие. Ярость означает определение наложить известное наказание на достойного, а гнев оз-

начает уже труд и наказание, наложенное Праведным Судиею по мере неправды. Но из примера яснее будет, что разумею. Врач, приметив воспаление и опухоль в члене, признал необходимым для больного отнять сей член. Писание называет это яростью. За суждением врача о помощи больному следует уже само действие, которым приводится в исполнение, что врач присудил; приносится острое орудие, отъемлющее член и причиняющее боль тому, у кого он отъемлется. Это называется гневом Божиим.

Обратись теперь к предложенному и найдешь последовательность мысли. *«Яко гнев в ярости Его»*. – Наказание по праведному суду Божию. А *«живот в воли Его»*? Итак, что говорит псалом? Бог хочет, чтобы все были причастными жизни Его. Бедствия же не волею Его производятся, но навлекаются достоинством согрешивших. Посему Бог каждому дарует жизнь по собственному хотению, но каждый сам себе собирает гнев *«в день гнева и откровения и праведнаго суда Божия»* (Рим.2:5). Писанию же обычно предпоставлять печальное радостному, потому что наслаждение приятнее, когда предшествовало ему скорбное. Ибо сказано: *«Аз убию, и жити сотворю»*, – благодеяние после наказания. *«Поражу, и Аз исцелю»* (Втор. 32, 39). Сам причиняет скорбь и Сам опять восстановляет; Он поразил, и Его же руки исцелили. Огорчающее предшествует, чтобы прочнее были для нас благодеяния, ибо в таком случае более заботимся о сохранении дарованного.

«Вечер водворится плач, и заутра радость». Вспомни время страдания Господня, и найдешь значение сих слов. Вечером водворялся плач у учеников Господних, когда видели Его висящим на кресте, а заутра радость, когда по Воскресении бежали, с радостью друг другу благовествуя, что видели Господа. Или, может быть, и

вообще вечером называется век сей, в котором вечно плачущие утешатся при наступлении утра. *«Блажени плачущии: яко тии утешатся»* (Мф. 5, 4). *«Блажени плачущии ныне: яко возсмеетеся»* (Лк.6:21). Посему кто дни века сего, уже скончавшегося к своему западу, проводит в оплакивании своих грехов, тот возрадуется при наступлении истинного оного утра, ибо *«сеющии слезами»* ныне *«радостию пожнут»* (Пс. 125, 5), очевидно, в будущем веке.

(7) *«Аз же рех во обилии моем: не подвижуся во век».* Как множество продаваемого на рынке составляет обилие города и ту страну называем обильною, которая приносит много плодов, так и в душе есть некоторое обилие, когда она исполнена всякого рода делами. Надобно, чтобы и она сперва была тщательно возделана, потом напоена обильными потоками небесных вод; тогда может приносить плод *«на тридесять, и на шестьдесят, и на сто»* (ср.: Мк.4:20) и сподобиться следующего благословения: *«благословены житницы твои и останцы твои»* (Втор. 28, 5). Посему чувствующий свою твердость с уверенностью скажет и подтвердит, что его не искоренит противник, как полную ниву, которую благословил Господь.

(8) *«Господи, волею Твоею подаждь доброте моей силу».* Трудившиеся над исследованием учения о добродетели говорили, что одни добродетели составляются из умозрения, а другие неумозрительны; так, благоразумие составляется из умозрений при рассуждении о добре и зле, целомудрие – из умозрений о том, что должно избирать и чего избегать, справедливость – из умозрений об усвояемом и неусвояемом, мужество – из умозрений о страшном и нестрашном. Но красота и крепость суть добродетели неумозрительные, следующие за теми, которые из умозрения, ибо некоторые из мудрых красо-

ту находили в соразмерности и стройности душевных умозрений, а крепость усматривали в окончательном произведении положенного в нас добродетелями умозрительными.

Впрочем, чтобы в душе были красота и сила производить должное, для сего имеем мы нужду в Божией благодати. Посему как выше сказал, что *«живот в воли Его»*, так теперь благодарственно превозносит Бога, говоря: *«волею Твоею подаждь доброте моей силу»*. Хотя прекрасен был я по природе, но стал немощен, потому что умерщвлен грехом по злоумышлению змия. Посему Ты к доброте моей, какую я получил от Тебя при первом устроении, присовокупил и силу исполнять должное. Прекрасна всякая душа, в которой созерцается соразмерность свойственных ей сил, но истинная и вожделеннейшая красота, созерцаемая только имеющими очищенный ум, принадлежит Божию и блаженному естеству. Кто внимательно устремляет взор на сияние и изящество сей красоты, тот заимствует от нее нечто, как бы от красильного раствора, на собственное свое лицо наводя какие-то цветные лучи. Почему и Моисей, сделавшись причастником оной Красоты во время собеседования с Богом, имел прославленное лицо. Посему чувствующий свою добродетель издает сей благодарственный глас: *«Господи, волею Твоею подаждь доброте моей силу»*.

На как за умозрительными добродетелями следуют неумозрительные, красота и сила, так есть и пороки неумозрительные, безобразие и бессилие. Ибо что неблагообразнее и отвратительнее души, преданной страстям? Посмотри на гневного и на примечаемую в нем дикость! Рассмотри скорбящего, унижение и упадок его души! А кто подпал сладострастию и чревоугодию, кто вне себя от страха, на того согласится ли кто и смотреть? В них душевное расположение выступает на самые оконечности тела, равно как и следы душевной красоты бывают видимыми во внешности святого мужа. Итак, нам должно заботиться о сей красоте, чтобы Жених Слово, встретив нас, сказал: *«Вся добра еси, ближняя моя, и порока несть в тебе»* (Песн.4:7).

«Отвратил же еси лице Твое, и бых смущен». Пока лучи Твоего посещения, говорит Пророк, осиявали меня, я проводил жизнь в непоколебимом и безмятежном состоянии. Но когда *«отвратил еси лице Твое»*, тогда обличилось страстное и смущенное положение души. Говорится же о Боге, что Он отвращает лицо Свое, когда подвергшегося искушениям оставляет во время тесных обстоятельств, чтобы сделалась известною крепость подвизающегося. Посему, если *«мир... превосходяй всяк ум... соблюдет сердца»* наши (Флп.4:7), то возможем избежать смущения и слитности страстей. Итак, поскольку воле Божией противополагается отвращение, а красоте, изяществу и силе – смущение, то значит, что смущение есть безобразие и бессилие души вследствие отчуждения от Бога. Будем же непрестанно молиться, чтобы осиявало нас лицо Божие, чтобы нам быть в священнолепном состоянии, кроткими и ничем не смущенными по готовности нашей к добру! Ибо сказано: *«уготовихся и не смутихся»* (Пс. 118, 60).

(9) *«К Тебе, Господи, воззову, и к Богу моему помолюся».* Многократно говорится о взывании ко Господу, потому что взывать свойственно только желающему великого и небесного. А кто просит у Бога малого и земного, тот употребляет слабый и низкий голос, который не достигает в высоту и не доходит до слуха Господня.

(10) *«Кая польза в крови моей, внегда сходити ми во истление».* Для чего, говорит, взывал я? Для чего молился Тебе, Господу моему и Богу моему? Что мне пользы в благосостоянии плоти и во множестве крови, когда она,

если еще не повредилась, будет предана общему разрушению тела? Но *«умерщвляю тело мое и порабощаю»* (1Кор. 9, 27), чтобы, когда кровь во мне бодра и кипит, мое добротелесие не послужило поводом ко греху. Не угождай плоти сном, банями, мягкими постелями, непрестанно повторяя слово сие: *«Кая польза в крови моей, внегда сходити ми во истление»*. Для чего заботишься о том, что вскоре сотлеет? Для чего утучняешь себя и отягощаешь плотью? Разве не знаешь, что чем более дебелою сделаешь ты плоть свою, тем более тягостное узилище приготовишь душе?

«Еда исповестся Тебе персть; или возвестит истину Твою». Как перстный и плотский человек исповестся Тебе, Богу? Как возвестит истину, кто не посвящал своего времени учению, у кого ум погребен под таким бременем плоти? Посему-то иссушаю плоть свою и не щажу крови, которая обыкновенно сгущается в плоть, чтобы не было у меня препятствия к исповеданию или уразумению истины.

(11) *«Слыша Господь, и помилова мя: Господь бысть помощник мой»*. После того как сказал, о чем взывал к Богу, вскоре почувствовал он Божию помощь и нас возбуждает к прошению подобного: *«слыша»*, говорит, *«Господь, и помилова мя: Господь бысть помощник мой»*. Итак, будем и мы молиться и взывать духовным гласом, испрашивая великого, а не домогаясь плотского (ибо *«сущии во плоти Богу угодити не могут»* – Рим.8:8), чтобы Господь и нас услышал и помиловал нашу немощь, а мы, воспользовавшись Божиею помощью, могли сказать: (12) *«Обратил еси плач мой в радость мне»*. Не всякой душе дается радость от Бога, но если кто много плакал о грехе своем, с крепким воплем и непрестанными слезами и как над умершим творил над собою плач, то плач его обращается в радость.

А что и плакать бывает похвально, доказывают дети, которые сидят на торжищах и говорят: *«Пискахом48 вам, и не плясасте, рыдахом вам, и не плакасте»* (Лк.7:32). Свирель есть музыкальное орудие, при содействии нашего дыхания издающее нежные звуки. Посему думаю, всякий святой Пророк в переносном смысле называется свирелью, как движимый Святым Духом, почему и сказано: *«Пискахом вам, и не плясасте»*, ибо пророческие слова увещевают нас к мерному выполнению святого пророчества, и это называется плясанием. Но Пророки для нас и рыдают, призывая нас к плачу, чтобы мы, от пророческих слов пришедши в сознание своих грехов, оплакивали свою погибель, смиряя плоть свою утомлением и трудами. У такового раздирается плачевная одежда, в какую он облекся, оплакивая свой грех; возлагается же на него *«риза спасения и одежда веселия»* (ср.: Пс. 61, 10), сии светлые и брачные одеяния, украшенный которыми не будет извержен из брачного чертога.

«Растерзал еси вретище мое, препоясал мя еси веселием». Вретище содействует покаянию, как символ смирения, ибо сказано: *«Древле убо во вретищи и пепеле покаялися быша»* (Мф. 11, 21). Поскольку же Апостол *«откровенным лицем в тойже образ»* преобразуется *«от славы в славу»* (ср.: 2Кор. 3, 18), то дарованную ему от Господа благодать называет своею славою.

(13) *«Яко да воспоет Тебе слава моя».* Слава праведного – дух, который в нем. Посему кто поет духом, тот говори: *«Яко да воспоет Тебе слава моя, и не умилюся».* Не буду уже делать ничего такого, говорит Пророк, за что бы сердце мое утомлялось и уязвлялось воспоминанием греха моего.

«Господи Боже мой, во век исповемся Тебе», то есть буду благодарить Тебя. Поскольку мне за покаяние да-

ровал Ты отпущение и возвел меня в славу, отняв стыд греховный, то во весь век исповемся Тебе. Ибо найдется ли такое продолжение времени, которое бы могло в душе моей произвести забвение толиких благодеяний?

БЕСЕДА НА ПСАЛОМ 32-Й

(1) *«Радуйтеся праведнии о Господе, правым подобает похвала»*. Обычное для Писания выражение радости, показывающее какое-то светлое и весьма радостное состояние души в достойных благодушия! Итак, *«радуйтеся праведнии о Господе»*, не тому, что благоуспешны ваши домашние дела, не тому, что наслаждаетесь телесным здоровьем, не тому, что поля ваши изобилуют всякими плодами, но тому, что имеете Господа, Который так прекрасен, так благ, так премудр. Довольно для вас веселия о Господе. И кажется, кто с веселием и радостью восхищается кем-либо из весьма любимых, тот радуется и себе самому.

Посему псалом побуждает праведных восчувствовать свое достоинство, что они удостоены быть рабами такового Владыки, и восхищаться своим рабством Ему с неизреченною радостью и со скаканиями, как бы рвалось у них сердце от восторга любви ко Благому. Ежели когда в сердце твоем как бы ниспадший свет произвел внезапную мысль о Боге и озарил твою душу, так что ты возлюбил Бога, а презрел мир и все телесное, то из сего слабого и малого подобия познай полное состояние праведных, которые равномерно и непрерывно возрастают в веселии о Боге. Тебя по временам, и редко, посещает сия радость, по смотрению Божию, чтобы малое ее вкушение приводило тебе на память, чего ты лишился, а в праведнике постоянно божественное и небесное веселие, потому что в нем, несомненно, обитает Дух; первый же плод духа есть *«любы, радость, мир»* (ср.: Гал.5:22).

Итак, *«радуйтеся праведнии о Господе»*. Господь для праведных есть как бы вместилище, вступившему в которое по всей необходимости должно благодушествовать и веселиться. И праведный делается местом для Господа, приемлющим Его в себя. А грешник дает в себе место диаволу, не внимая говорящему: *«ниже дадите места диаволу»* (Еф. 4, 27), и Екклезиасту: *«аще дух владеющаго взыдет на тя, места твоего не остави»* (Еккл.10:4). Посему, пребывая в Самом Господе и, сколько можем, созерцая чудеса Его, из созерцания сего будем таким образом приобретать сердцем своим веселие!

«Правым подобает похвала». Как кривая нога не годится для прямого сапога, так и сердцам развращенным не прилична Божия похвала. Поэтому думаю, что поскольку слово о Спасителе не прилично устам демонов, отнимается у них власть, *«да не явлена Его сотворят»* (Мк.3:12). И Павел запрещает *«духу пытливу»*, чтоб нечистый не мог давать одобрения святому (см.: Деян. 16, 16, 18). Таково и следующее место: *«Грешнику же рече Бог: Вскую ты поведаеши оправдания Моя»* (Пс. 49, 16)?

Итак, потщимся избегать всякого непрямого и ухищренного дела, ум же и судилище души исправим в себе, как верное правило, чтоб нам, когда соделаемся правыми, была дозволена похвала Господня. Предначинатель греха называется змием лукавым, и меч Божий наводится *«на драконта змия лукаваго»* (ср.: Ис. 27, 1), потому что змея при передвижении с места на место делает многие уклонения и извороты; почему след, оставляемый змеей на земле, имеет неправильное направление: по одному направлению движутся у нее передние части, средина имеет косвенное движение, а хвост уклоняется опять в противоположную сторону. Посему кто следует змию, у того жизнь оказывается лукавою, неправильною и исполненною противоречий. А кто идет вослед Господа Бога, тот *«творит стези правы»* (ср.: Ис. 40, 3) *«и права течения ног своих»* (ср.: Притч. 4, 26), ибо *«прав Господь Бог наш»* (Пс. 91, 16) *«и правоты виде лице Его»* (Пс. 10, 7).

Ежели два правила приложить одно к другому, то прямизна их сделает, что будут плотно прилегать друг к другу, а ежели кривое дерево приложить к прямому, то найдешь, что искривленное не сходится с прямым. Итак, поскольку похвала Божия есть правая, то нужно правое сердце, чтобы ему могла быть дозволена и приличествовала похвала. Ежели *«никтоже может рещи Господа Иисуса, точию Духом Святым»* (1Кор. 12, 3), то как принесешь хвалу, когда нет в тебе *«духа праваго, обновленнаго во утробе»* твоей (ср.: Пс. 50, 12)?

(2) *«Исповедайтеся Господеви в гуслех, во псалтири десятоструннем пойте Ему»*. Сперва должно исповедаться Господу в гуслех, то есть телесные действия производить стройно. Поскольку мы грешили телом, когда *«представили уды»* наши *«рабы»* греху *«в беззаконие»* (ср.: Рим.6:19), то и исповедуемся телом, употребив то же орудие к истреблению греха. Ты злословил? Благословляй. Ты лихоимствовал? Отдай. Ты упивался? Постись. Ты гордился? Смирись. Ты завидовал? Утешь. Ты убил? Претерпи мученичество или, что равносильно мученичеству, при исповедании изнури свое тело. И тогда по исповедании достоин ты петь Богу *«во псалтири десятоструннем»*. Сперва должно исправить действия телесные, чтобы совершались согласно со словом Божиим, а потом уже восходить к созерцанию мысленного.

Псалтирем, может быть, называется ум, ищущий горнего, потому что орудие сие, по устройству своему, силу издавать звуки имеет вверху. Посему телесные действия исповедуются Богу как бы снизу, а тайны, возвещаемые умом, имеют причину свою свыше, так, как ум издавал бы звуки чрез Духа. Посему кто имеет в виду все заповеди и приводит их в себе как бы в созвучие и согласие, тот поет Богу на псалтири десятострунном, потому что десять есть главных заповедей, написанных при первом законодательстве.

(3) *«Воспойте»* Господу *«песнь нову»*, то есть служите Богу не в ветхости буквы, но в обновлении духа. Кто принимает закон не чувственно, но разумеет духовный его смысл, тот поет песнь новую, потому что ветшающее и стареющее в завете миновало, началась же для нас новая и обновленная песнь учения Господня, которая обновляет *«юность»* нашу, *«яко орлю»* (ср.: Пс. 102, 5), когда умерщвляем в себе ветхого человека и обновляемся со дня на день. Но простирающийся *«в предняя»* (ср.: Флп.3:13) непрестанно становится новее в отношении к себе самому. Посему кто непрестанно становится новее в отношении к себе самому, тот поет новую песнь Богу, а новым обыкновенно называется или необычайное, или недавно пришедшее в бытие. Посему если поведаешь чудный и всю природу превосходящий образ Господня вочеловечения, то поешь новую и необыкновенную песнь; и если рассуждаешь о возрождении и обновлении мира, состарившегося под грехом, а также возвещаешь тайны воскресения, то и в сем случае поешь новую и недавно сложенную песнь.

«Добре пойте Ему со восклицанием». Слышите заповедь: *«добре пойте»*, с нерассеянною мыслью, с искренним расположением. *«Пойте со восклицанием»*. Как некоторые добрые воины, одержав победу над врагами, возносите хвалебные песни Виновнику победы! *«Дерзайте»*, говорит Он, *«Аз победих мир»* (Ин.16:33). Кто из людей в состоянии ратоборствовать с лукавым, если не

прибег под кров *«Архистратига силы»* (ср.: Нав.5:14) и если не оттуда, не с верою в Него низлагает и поражает стрелами нашего врага? Итак, *«добре пойте со восклицанием»*. Восклицание же есть какой-то нечленораздельный звук, который воины согласно издают во время сражения, сомкнув над собою щиты. Посему пойте в согласии, единодушии и единении любви. Что же должны говорить поющие?

(4) *«Яко право слово Господне»*. *«Правых»* призывает сперва к хвалению, потому что *«право»* и имеющее прославиться *«Слово Господне»*, Которое *«в начале бе к Богу, и Бог бе»* (ср.: Ин.1:1). Посему *«прав»* Отец, *«прав»* Сын, *«прав»* Дух Святый.

«И вся дела Его в вере». Что значит сказанное? Его дело – небо, Его дело – земля, Его дело – море, воздух, все неодушевленное, одушевленное, разумное, неразумное. Как же все это *«в вере»*? Какая вера в неодушевленных? Какая вера у неразумных? Какая вера в камне? Какая вера во псе? Неодушевленное и неразумное – не в вере. Но настоящее изречение ничего не исключило, а все объяло, сказав: *«вся дела Его в вере»*. Посему что же значит сказанное? Если, говорит псалом, видишь небо и порядок в нем, это для тебя руководитель к вере, потому что указывает собою на Художника. Если же рассматриваешь порядок на земле, и чрез это опять возрастает вера твоя в Бога, ибо, не плотскими очами познав Бога, уверовали мы в Него, но силою ума посредством видимого усматриваем Невидимого. Посему *«вся дела Его в вере»*.

Если рассмотришь и камень, то и он служит некоторым указанием силы Создавшего. А то же найдешь, если рассмотришь муравья или комара, или пчелу; часто и в самых малых вещах видна мудрость Зиждителя. Ибо Кто распростер небо и наполнил неизмеримую величину морей, Тот и самое тонкое жало пчелы соделал пустым, как свирель, чтобы чрез него выливался яд. Посему *«вся дела Его в вере»*.

Ничто да не приведет тебя к неверию. Не говори: это произошло случайно, а это встретилось само собою. В том, что существует, нет ничего беспорядочного, ничего неопределенного, ничего напрасного, ничего случайного. Не говори: злая случайность или недобрый час. Это слова людей невежественных. *«Не две ли птице ценится единому ассарию, и ни едина от них падет»* без воли Божией (Мф. 10, 29)? Сколько волос на голове? Ни один из них не забыт. Видишь ли Божие око, как ничто, и самое малое, не избегает Его надзора?

(5) *«Любит милостыню и суд Господь, милости Господни исполнь»*. Если бы суд Божий действовал сам по себе и со всею строгостью воздавал нам, чего стоят дела, нами совершенные, то какая бы была надежда? Кто бы из людей спасся? Ныне же *«любит милостыню и суд»*. Как бы сопрестольною и даже председательствующею на царском престоле соделав *«милостыню»*, изводит Он каждого на суд. *«Аще беззакония назриши Господи, Господи, кто постоит»* (Пс. 129, 3)? Милостыня у Него не без суда, суд не без милостыни. Прежде суда любит милостыню и после милостыни приходит на суд. У Него сопряжены между собою милость и суд, чтобы одна милость не произвела в нас расслабления и один суд не довел до отчаяния.

Судия хочет тебя помиловать и соделать участником Своих щедрот, но в таком только случае, если найдет, что ты по содеянии греха стал смирен, много плакал о лукавых своих делах, без стыда открыл содеянное тайно, просил братию потрудиться с тобою о твоем уврачевании. Одним словом, если увидит, что ты достоин сожаления, то беззавистно подает Свою милостыню. Когда же видит в тебе сердце нераскаянное, ум гордый, который не верит будущему веку, не боится суда, тогда любит суд над тобою. Ибо так искусный и человеколюбивый врач прежде старается смягчить опухоль припарками и смягчающими средствами, но когда увидит, что опухоль не опадает, а затвердевает, тогда, отложив в сторону масло и смягчающие врачевства, употребляет наконец в дело острые орудия. Посему *«любит милостыню»* к раскаивающимся, но любит и суд над упорными. Подобное нечто говорит Исаия Богу: *«милость»* Твоя *«на мерилех»* (см.: Ис. 28, 17), потому что Он и милость являет с судом, по достоинству каждого возмеривая мерою, числом и весом.

«Милости Господни исполнь земля». Здесь отделяется милость от суда, ибо земля полна одною милостью Господнею, между тем как суд отложен до неопределенного времени. Посему здесь милость без суда, потому что пришел не *«да судит мирови, но да спасется им мир»* (ср.: Ин.3:17). А там суд не без милости, потому что невозможно найти человека чистого *«от скверны, аще и един день»* бытия его (ср.: Иов.14:4). Посему ежели кто возьмет во внимание, что повреждение с каждым днем распространяется и что тленный род человеческий достоин тысячи смертей, поскольку пребывает во грехах, то удивится богатству Божией благости, снисходительности и долготерпения. Однако же мы, пока на земле, имеем нужду в милости, ибо те, которые на небе, достойны ублажения, а не помилования. Или, может быть, по причине осуждения, произнесенного на нас за грех, землею называемся мы, которым сказано от Бога: *«земля еси, и в землю отыдеши»* (Быт. 3, 19), и которые полны Божиих щедрот, ибо *«сущих нас мертвых»* грехами и *«прегрешеньми»* помиловав Бог, *«сооживи Христом»* (ср.: Еф. 2, 5).

(6) *«Словом Господним небеса утвердишася, и Духом уст Его вся сила их».* Где унижающие Духа? Где отделяющие Его от зиждительной силы? Где отсекающие Его

от единения со Отцом и Сыном? Да слышат псалом, который говорит: *«Словом Господним небеса утвердишася, и Духом уст Его вся сила их»*. И под словом разумеется здесь не обыкновенная речь, из имен и глаголов состоящая, и под духом – не дыхание, разливающееся в воздухе, но разумеется Слово, которое *«в начале бе к Богу»*, и Дух Святый, в собственном смысле так именуемый. Посему как зиждительное Слово утвердило небо, так и Дух, Который от Бога, Который от Отца исходит (то есть из *«уст Его»*, чтобы ты не признавал Его чем-либо внешним или тварным, но славил как имеющего ипостась Свою от Бога), сопривнес от Себя все силы, какие в Нем.

Итак, Духом утверждена всякая сила пренебесная, то есть по содействию Духа имеет она напряженность, крепость и несомненность в освящении и во всякой добродетели, приличной священным силам. Посему-то написано здесь: *«Дух уст Его»*, а в других местах, как найдем, сказано: *«Слово уст Его»* (ср.: Ис. 11, 4), дабы разумели мы, что Спаситель и Святый Дух Его – от Отца. Поскольку Слово Господне есть Спаситель и Дух уст Его – Святый Дух, оба же они содействовали в творении неба и сил небесных, то сказано: *«Словом Господним небеса утвердишася, и Духом уст Его вся сила их»*. Ибо что ни освящается, освящается только присутствием Духа. Посему приведение в бытие Ангелов совершило зиждительное Слово – Творец всего, а освящение им даровал Дух Святый, ибо Ангелы созданы не младенцами, которые бы потом, усовершившись чрез постепенное упражнение, соделались таким образом достойными принять Духа, но в первоначальный состав и, так сказать, раствор их сущности была вложена святость. Потому-то они неудобопреклонны ко греху, будучи немедленно, как бы некоторым составом, покрыты освящением и, по дару Святаго Духа, имея постоянство в добродетели.

(7) *«Собираяй яко мех воды морския, полагаяй в сокровищах бездны»*. Не сказал: *«Собираяй воды морския»*, как в мехе, но – *«яко мех»*, так *«воды морския собираяй»*. Представь свойство меха, который то надувается, когда кожа натянута внутрь духом, то сжимается, когда растягивавшее выйдет вон; так и море иногда надмевается и кипит, когда ветры приводят его в ярость и воздымают, а иногда опять, при безветрии, успокаивается и улегается. Посему Господь *«яко мех»* согнетает и смиряет воду морскую. Но в некоторых списках находим: «собираяй яко в мехе воды морския», и такое выражение указывает нам на древнюю историю, когда Чермное море, никем не разделяемое, само по себе стало как бы заключенным в каком-то мехе, потому что Божие повеление не позволяло ему разливаться.

«Полагаяй в сокровищах бездны». Сообразнее с общим понятием было бы сказать: «полагаяй в безднах сокровища», то есть содержащий в тайне свое богатство. А здесь сказано, как будто сами бездны суть какие-то дорогие утвари, достойные Божиих сокровищ. Итак, безднами называются не законы ли Божия Суда, как неизреченные и непостижимые для человеческого разумения, потому что одному Божию ведению предоставлены те законы, по которым Он каждою вещью распоряжается? А что Суд Божий о каждой вещи порознь называется бездною, видим из другого псалма, в котором говорится: *«Судьбы Твоя бездна многа»* (Пс. 35, 7).

Посему, если домогаешься узнать, для чего жизнь грешника продолжается, а дни пришествия праведнику сокращаются, для чего неправедный благоденствует, а праведный угнетается, для чего похищен смертью отрок, прежде нежели пришел в совершенный возраст, отчего войны, для чего кораблекрушения, землетрясения, засухи, излишество дождя, для чего сотворено вредное для людей, для чего один – раб, другой – свободен, один богат, другой беден (даже много разности как между грешащими, так и преуспевающими в добродетели: иная продана содержателю непотребного дома и поневоле живет во грехе, а другая с малолетства досталась доброй госпоже и воспитана в правилах целомудрия, за что же последняя облагодетельствована, а первая осуждена, и какое каждому воздаяние от Судии), когда все это приходит тебе на мысль, рассуди, что судьбы Божии – бездна и, будучи заключены в божественных сокровищах, не для всех удобопостижимы. А верующему дано обетование от Бога: *«Дам ти сокровища сокровенная, невидимая»* (ср.: Ис. 45, 3). Посему, когда удостоимся ведения лицом к лицу, тогда узрим и в «сокровищах» Божиих «бездны».

Собрав же сказанное в Писании о мехах, удобнее уразумеем намерение Пророка. Которые со дня на день обновляются и вмещают в себе вино новое из виноградника истины, те в Евангелии называются мехами новыми, а которые не отложили ветхого человека, те суть мехи ветхие и ненадежно вливать в них вино новое; *«никтоже вливает вина нова в мехи ветхи»*, чтобы не пролилось вино и не погибли совершенно те мехи (ср.: Мк.2:22), сделавшись уже не заслуживающими никакой пощады после того, как прольют доброе и новое вино, ибо новое вино должно быть вливаемо в мехи новые. И новое и духовное вино, кипящее Духом Святым, то есть никогда не стареющее разумение истины, должно быть вливаемо в человека нового, который, *«всегда мертвость»* Иисусову *«в теле»* нося (ср.: 2Кор. 4, 10), справедливо может быть назван мехом новым.

(8) *«Да убоится Господа вся земля, от Негоже да подвижутся вси живущии по вселенней»*. Поскольку *«страх Господень начало»* чувства (ср.: Притч. 1, 7), то мудр-

ствующих земное должен вразумлять страх. И страх, как предуготовитель к благочестию, допускается по необходимости, последующая же за ним любовь усовершает тех, которые образовались в училище страха. Поэтому псалом всей земле предписывает страх. Сказано: *«Да подвижутся же от Него вси живущии по вселенней»*, то есть всякое движение, совершаемое или мысленно, или телесным действием, да происходит в них согласно с Божией волею. Так разумею слова: *«да подвижутся от Него»*, то есть ни глаз да не подвижется без Бога, ни рука да не движется без Бога, ни сердце да не помышляет чего-либо не благоугодного Богу. И вообще ничем другим да не подвижутся, ничто, кроме страха Божия, да не приводит их в движение.

(9) *«Яко Той рече, и быша: Той повеле, и создашася»*. К двум предыдущим выражениям: *«да убоится вся земля»* и *«да подвижутся вси живущии по вселенней»*, присовокупил два также выражения: *«Той рече, и быша: Той повеле, и создашася»*. Поскольку человек сложен из земного состава и из души, обитающей в теле, то образованное из земли называется землею, а душа, которой дано в удел обитать в теле, именуется жителем вселенной. В соответствие же слову «земля» сказано: *«Той рече, и быша»*, — и образование наше, именно образование из земли, выражается словом *«бысть»*, а сотворение по образу Божию изображается словом *«создася»*, потому что слово *«тварь»* берется часто в значении изменения и улучшения, как в словах: *«аще кто во Христе, нова тварь»* (2Кор. 5, 17), а также в словах: *«да оба созиждет во единаго новаго человека»* (Еф. 2, 15). А может быть, словом *«бысть»* указывается на первое осуществление человека, а словом *«создася»* на второе возрождение благодатью Христовою. Но сколько заповедь Божия различается от простого слова, столько же различия между творением и приведением в бытие.

(10) *«Господь разоряет советы языков, отметает же мысли людей».* Сие служит объяснением предыдущему, то есть тому, как Бог созидает уверовавших в Него тем, что разорил неразумные совещания людей, какие они имели об идолослужении и о всякой суете, и отметает совещания князей. Но можно отнести сие и ко времени страдания, когда люди умыслили распять Царя славы, а Он домостроительством креста обновил человечество. Ибо Воскресением разорен совет язычников – Пилата, воинов и всех, которые содействовали распятию, – и отвергнуты совещания князей – архиереев, книжников и царей народа, потому что Воскресение разрушило все их замыслы.

Но и в каждом повествовании, замечая то, что соделал Бог с неверными язычниками, найдешь, что слова Пророка в вещественном смысле имеют большое значение. Ибо когда Иорам, сын Ахава, царствовал во Израиле, тогда Сирийский царь, сын Адеров, ополчившись силою многою и рукою тяжелою, осадил Самарию, так что у жителей недоставало необходимого, и *«бысть глава ослова за пятьдесят сикль сребра, и четвертая часть меры гноя голубинаго за пять сикль сребра»* (4Цар. 6, 25). И в сие-то время, чтобы исполнилось завещание Елисеево, разорены советы Сирии, и, оставив *«сени свои»* и все достояние свое, сирияне бежали, а в Самарии произвели такое обилие, что *«мера муки пшеничны»* продавалась *«за сикль един и две меры ячменя за сикль»* (ср.: 4Цар. 7, 16).

Так Господь умеет разорять советы языков! А как отметает Он советы князей, знаем из сказания об Ахитофеле, когда Давид молился, говоря: *«разруши совет Ахитофелев»* (2Цар. 15, 31). Посему, когда слышишь, что кто-нибудь многим угрожает тебе и обещает нанести тебе всякого рода огорчения, ущерб или раны, или смерть, возведи взоры ко Господу, Который *разоряет советы языков и отметает мысли людей».*

(11) *«Совет же Господень во век пребывает, помышления сердца Его в род и род».* Видишь ли учения язычников, эту суетную философию, как они тонки и обильны на изобретение учений, в умозрительных науках, в нравственных предписаниях, в естествословии и в других учениях, называемых тайными, как все это рассеялось и сделалось бесполезным, водворяется же ныне одна истина Евангелия? Много замышлений в сердце человеческом, но совет Господень превозмог. И чтобы совет Божий постоянно и твердо пребывал в душах наших, необходимо прежде разориться в нас помыслам человеческим. Кто хочет писать на воске, сначала углаживает воск, а потом налагает изображения, какие ему угодны. Так и сердцу, на котором бы отпечатлелись ясно словеса Божии, надобно сделаться чистым от противных помыслов.

«Помышления сердца Его в род и род». Поскольку два избранных народа и два даны им завета, то в сказанном: *«Помышления сердца Его в род и род»,* по причине двукратного наименованного рода, можно разуметь и два помышления – одно, по которому мы получили первый завет, а другое, которое даровало нам новое и спасительное учение Христово.

(12) *«Блажен язык, емуже есть Господь Бог его, люди, яже избра в наследие Себе».* Никто не ублажает народа иудейского, ублажают же народ, который по превосходству избран из всех народов, ибо мы – тот *«язык»,* для которого Господом есть Бог наш, мы – *«люди, яже избра в наследие Себе»:* мы – *«язык»,* потому что собраны из многих язычников, мы – *«люди»,* потому что призваны вместо народа отверженного. И поскольку *«мнози звани, мало избранных»* (ср.: Мф. 20, 16), то ублажает не зван-

ного, но избранного; *«блажени, яже избра»*. Какая же причина ублажения? – Ожидаемое наследие вечных благ. Или, по слову Апостола, что когда *«исполнение языков внидет»*, тогда *«весь Израиль спасется»* (ср.: Рим. 11, 25, 26), не ублажает ли сперва исполнение языков, а потом спасаемого наконец Израиля? А как известно, что спасется не всякий, но только *«останок по избранию благодати»* (Рим.11:5), то посему сказано: *«Люди, яже избра в наследие Себе»*.

(13) *«С небесе призре Господь, виде вся сыны человеческия»*. (14) *«От готоваго жилища Своего»*. На пребывающих в свойственном себе чине и на исполняющих обязанности природы человеческой Господь призирает свыше, а над теми, которые дошли до крайнего повреждения, надзирает иначе – снисходя к ним Сам. Ибо сказано: *«Вопль Содомский и Гоморрский умножися... и греси их велицы зело»*. *«Сошед убо узрю, аще по воплю их грядущему ко Мне совершаются»* (Быт. 18, 20–21). И еще: *«Сниде Господь видети град и столп, егоже созидаша сынове человечестии»* (Быт. 11, 5). А здесь говорится: *«С небесе призре Господь, виде вся сыны человеческия»*. Не теряй из вида сего высокого Зрителя, не теряй из вида Приникающего свыше на дела человеческие. Куда ты ни идешь, что ни делаешь, во тьме ли, или среди дня, надзирает над тобою Божие Око.

«От готоваго жилища Своего». Не отверзаются двери, не собираются завесы, готово к видению Божие жилище. Бог видит всех сынов человеческих. Ни один не избегает Его зрения, не закрывают ни тьма, ни стены; нет никакого препятствия очам Божиим. Он не только видит каждого, но видит и сердца, которые создал Сам, не примешав к ним ничего худого. Зиждитель человека Бог создал его простым по образу Своему, который спасает сердца, но впоследствии, опутав его плотскими

страстями, мы сделали из него сердце многовидное и многоличное, растлив его боговидность, простоту и единообразность.

Поскольку же Он Создатель сердец, то посему (15) *«разумевает на вся дела»* наши. А делами называем и слова, и мысли, и вообще всякое движение человеческое. Ибо с каким расположением и с каким намерением делаем мы что-либо, в угождение ли людям или в исполнение заповедей, данных нам от Бога, сие знает один *«Разумеваяй на вся дела»* наши. Посему и во всяком праздном слове дадим отчет (см.: Мф. 12, 36) и даже за чашу студеной воды *«не погубим мзды»* (ср.: Мф. 10, 42), потому что Господь *«разумевает на вся дела»* наши.

(16) *«Не спасается царь многою силою»*. Не множество воинских сил, не стены городов, не полки пеших, не крепость всадников, не снаряжение морских сил доставляют спасение царю, ибо Господь *«поставляет цари и преставляет»* (Дан.2:21), и *«несть власть аще не от Бога учинена»* (ср.: Рим.13:1). Посему спасается царь *«не многою силою»*, но Божиею благодатью; так что и в этом отношении истинно слово: *«благодатию есте спасени»* (Еф. 2, 5). Так и земледелец не столько своим прилежным возделыванием приобретает плоды земледелия, сколько содействием Бога, возвращающего возделанное, ибо *«ни насаждаяй есть что, ни напаяяй, но возращаяй Бог»* (1Кор. 3, 7). Если же *«сердце царево в руце Божией»* (Притч. 21, 1), то он спасается не силою оружия, но Божиим руководством. В руке же Божией не всякий, но достойный имени царя. А некоторые определяли, что царская власть есть законное господство или начальство над всеми, не подлежащее греху.

«И исполин не спасется множеством крепости своея». Исполином же называет Пророк того, кто укрепляет естественную силу и телесное напряжение. Посему и

царю недостаточно для спасения помощи оружия, и мужественный не может быть во всем достаточен сам для себя, ибо все человеческие силы, вместе взятые, немощны и бессильны в сравнении с истинною силою. Посему-то *«немощная мира избра Бог, да посрамит крепкая»* (1Кор. 1, 27), и *«из уст младенец и ссущих совершил еси хвалу... еже разрушити врага и местника»* (Пс. 8, 3), ибо благодать Божия наипаче просияла, действуя в младенцах и в невысоких умом.

(17) *«Ложь конь во спасение, во множестве же силы своея не спасется».* Конь исключается из употребления святых, и Израиль во дни благоденствия никогда, кажется, не пользовался в войнах конскою силою, и никто из святых не признавал приличным иметь коней в собственном употреблении. Но фараон имеет у себя коня и высокомерный Сеннахирим надмевается множеством коней. Посему-то *«коня и всадника»* фараонова *«вверже в море»* (ср.: Исх. 15, 1), а у Сеннахирима *«воздремаша»* все *«вседшии на кони»* (Пс. 75, 7). По сей же причине и данный чрез Моисея закон, предписывая закон царям, говорит: *«да не умножит себе коней»* (Втор. 17, 16). *«Во множестве же силы своея не спасется». «Егда бо немощствую»*, говорит Апостол, *«тогда силен есмь»* (2Кор. 12, 10). А множество телесной силы служит препятствием ко спасению духа.

(18) *«Се очи Господни на боящияся Его».* В другом месте сказано: *«Очи Господни на праведныя»* (Пс. 33, 16), а здесь – *«на боящияся Его».* Когда мы взираем на Господа и очи наши устремлены к Нему, так что можем сказать: *«Се яко очи раб в руку господий своих... тако очи наши ко Господу Богу нашему»* (Пс. 122, 2), тогда как бы привлекаем Око Господне к воззрению на нас.

«Уповающия на милость Его». Пророк показывает смирение служащих Господу и то, сколько уповают они

на милость Его. Кто не уповает на свои доблестные заслуги и не надеется оправдаться делами, тот единственную надежду спасения имеет в милосердии Божием. Ибо когда приводит на мысль слова: *«се, Господь и мзда Его»* (ср.: Ис. 40, 10), чтобы воздать каждому, чего стоит дело его, и когда исчисляет свои злые дела, тогда начинает бояться наказания и трепетать угроз. А чтобы не поглотила его скорбь, взирает на Божие милосердие и человеколюбие и делается благонадежен. Надеется же, что Бог (19) *«избавит душу его от смерти, и препитает в глад»*.

(20) *«Душа же наша чает Господа, яко Помощник и Защитник наш есть»*. Слово сие поощряет к терпению, чтобы мы, когда нападает на нас какой-либо оскорбитель, не разлучались *«от любве Божия, яже о Христе Иисусе»* (Рим.8:39), но от всей души несли труды, ожидая помощи от Бога.

(21) *«Яко о Нем возвеселится сердце наше, и во имя святое Его уповахом»*. Это согласно со сказанным в начале псалма: *«Радуйтеся праведнии о Господе»*. И теперь – *«о Нем возвеселится сердце наше»*. Мне кажется, что в этом же смысле сказал Апостол: *«Во всех сих препобеждаем за Возлюбльшаго ны»* (Рим.8:37). И не только препобеждаем, но и *«хвалимся в скорбех»* (Рим.5:3). Ибо псалмопевец сказал: *«Душа наша чает Господа»*, и желая показать, что не насильственно и не от угнетения скорбями обнаруживает он терпение, но с великою радостью принимает озлобление за имя Господне, говорит: не только мы терпим, но и *«о Нем возвеселится сердце наше, и во имя святое Его уповахом»*. Для нас достаточно именоваться христианами, чтобы избежать всякого искушения от противников. Имя же Божие называется святым, конечно, не потому, что в самых слогах имеет некоторую освящающую силу, но потому, что свято и чисто всякое свойство Бо-

жие и всякое понятие о том, что преимущественно в Боге усматривается.

(22) *«Буди, Господи, милость Твоя на нас, якоже уповахом на Тя»*. Видишь ли, как разумно молился Пророк? Собственное свое расположение назначил он мерою для щедрот Божия милосердия. Такова же да будет, говорит он, *«милость Твоя на нас»*, какую надежду мы возлагали на Тебя предварительно. Но всякая надежда наша – возвратиться в покой, чтобы мы, когда *«преобразит»* Он *«тело смирения нашего»*, уразумели, что сие самое тело сделалось *«сообразну телу славы»* (ср.: Флп.3:21).

БЕСЕДА НА ПСАЛОМ 33-Й

(1) *«Давиду, внегда измени лице свое пред Авимелехом, и отпусти его, и отыде»*. К двум случаям приводит нас разумение сего псалма. Надписанию его кажется приличным и то, что было с Давидом в Номве, городе священническом, и то, что случилось с ним у Анхуса, царя Филистимского. Ибо *«измени лице свое»*, когда беседовал с Авимелехом, священником, скрывая от него свое бегство и показывая видом, что спешит исполнить царское повеление, когда взял и хлебы предложения, и меч Голиафа (см.: 1Цар. 21, 1–9). Но еще *«измени лице свое»*, когда был окружен врагами, потому что услышал, как они разговаривали между собою и приготовлялись к мщению. *«И реша»*, сказано, *«отроцы Анхусовы к нему: не сей ли Давид царь земли; не сему ли изыдоша (жены) ликующия, глаголюща: победи Саул с тысящами своими, и Давид со тмами своими»*. И еще сказано: И *«убояся»* Давид *«от лица Анхуса, и измени лице свое»* пред очами их (ср.: 1Цар. 21, 11–13).

Но почему надписание именует Авимелеха, а история передает имя Анхуса, царя Гефесского? На сие имеем такое объяснение, дошедшее до нас по преданию, что Авимелех было общее имя царей Филистимских, но что каждый из них имел и собственное наименование. Подобное можно видеть в Римском государстве, где цари вообще называются кесарями и августами, но удерживают и собственные свои имена. Таково же у египтян имя фараон. Ибо фараоном называется египетский царь при Иосифе, фараоном именуется и тот, который чрез четыре поколения, при Моисее, стал царем Египта; фараон был и во времена Соломона, ибо сказано: *«поят дщерь Фараоню»* (3Цар. 3, 1); фараоном также именовался царствовавший во времена пророческого служения Иеремии (см.: 4Цар. 23, 29). Так и Авимелех был и во дни Авраама, и во дни Исаака, и теперь именуется во времена Давида. Об Аврааме сказано: *«И рече Авимелех, и Охозаф невестоводитель его, и Фихол воевода силы его, ко Аврааму, глаголя»* (Быт. 21, 22). Равно и об Исааке: *«Бысть же много время тамо: и приникнув Авимелех царь Герарский окном, виде Исаака играюща с Ревеккою»* (Быт. 26, 8).

Так и здесь, в надписании, Авимелех времен Давидовых назван общим царским именем, история же передает его имя Анхус, которое было собственное, данное ему при рождении. Пред ним-то изменил лицо свое Давид, когда был принесен на руках домочадцев, бил в городские ворота и, как сказано, *«слины своя точаше по браде»*, так что Анхус сказал домочадцам: для чего принесли вы его ко мне; не имею нужды в неистовых, *«яко»* внесосте *«его, да беснуется предо мною»* (ср.: 1Цар. 21, 13, 14). И таким образом Давид, отпущенный оттуда, спасся, как сказано, *«прииде в пещеру Одолламску»* (ср.: 1Цар. 22, 1).

Посему, как избежавший великой опасности, воссылает он такое благодарение освободившему его Богу и говорит: (2) *«Благословлю Господа на всякое время»*. Избежав смерти, он как бы полагает для себя уставы жизни, настраивая душу свою к строгому образу деятельности, чтобы ни одной минуты времени не оставлять без благословения, но при начале важных и неважных дел обращаться к Богу. Не стану думать, говорит он, будто бы что-либо делается моим старанием или приключается по случайному стечению обстоятельств, но *«на всякое время благословлю Господа»* – не только при благоденствии, но и в несчастные времена жизни. Сим наученный Апостол говорит: *«Всегда радуйтеся». «Непрестанно молитеся». «О всем благодарите»* (1Сол.5:16–18).

Видишь, какова была любовь Давида! Непрерывные несчастья не ослабили его терпения, когда был принесен на руках домочадцев, бил в городские ворота, лишен имущества, но даже, по необходимости, предан врагам и едва не растерзан ими. Несмотря на сие, не сказал: доколе будут продолжаться несчастья? Не пришел в нетерпение от непрерывных скорбей, *«ведяще, яко скорбь терпение соделовает, терпение же искусство, искусство же упование»* (Рим.5:3–4).

И действительно, скорби для хорошо приготовленных суть как бы укрепляющая пища и упражнение в борьбе, приближающие подвижника к отеческой славе, когда, *«укаряеми, благословляем, хулими», «молим»*, утружденные – благодарим, скорбные – хвалимся скорбями (ср.: 1Кор. 4, 12–13). Стыдно для нас – в счастье благословлять, а в печальных и трудных обстоятельствах хранить молчание. Напротив того, тогда-то и должно более благодарить нам, знающим, что *«егоже любит Господь, наказует: биет же всякаго сына, егоже приемлет»* (Евр. 12, 6).

«Выну хвала Его во устех моих». Пророк по видимому обещает нечто невозможное. Как может хвала Божия быть непрестанно во устах человека? Когда разговаривает он в обыкновенной и житейской беседе, в устах его нет Божией хвалы. Когда спит, хранит он совершенное молчание. Когда ест и пьет, как уста его произнесут хвалу? На сие отвечаем, что у внутреннего человека есть некоторые духовные уста и посредством их питается он,

приемля слово жизни, которое есть *«хлеб сшедый с небесе»* (Ин.6:58). О сих-то устах и говорит Пророк: *«Уста моя отверзох и привлекох дух»* (Пс. 118, 131). Сии-то уста и Господь советует иметь расширенными, для обильного приятия брашен истины. Ибо сказано: *«Разшири уста твоя, и исполню я»* (Пс. 80, 11).

Посему мысль о Боге, однажды напечатленная и как бы печатью утвержденная во владычественной силе души, может быть названа хвалою Божиею, которая *«выну»* пребывает в душе; и тщательный, по увещанию Апостола, может давать все во славу Божию, так что всякое действие, всякое слово, всякое умственное упражнение получает силу хвалы, ибо *«аще яст, аще ли пиет»* праведник, *«вся во славу Божию творит»* (ср.: 1Кор. 10, 31). У такого и во время сна сердце бодрствует, как сказано в Песни Песней: *«Аз сплю, а сердце мое бдит»* (Песн.5:2), ибо мечтания сна очень часто бывают отголосками мыслей, занимавших днем.

(3) *«О Господе похвалится душа моя»*. Пророк говорит: никто не хвали моей изобретательности, которою спасся я от опасностей, ибо не в силе, не в мудрости человеческой, но в благодати Божией – спасение. Ибо сказано: *«Да не хвалится богатый богатством своим, мудрый мудростию своею, крепкий крепостию своею: но о сем да хвалится хваляйся, еже разумети и знати»* Господа Бога своего (ср.: Иер. 9, 23, 24). Смотри, как Апостол хвалит сотрудников своих в деле благочестия. Он говорит: это наш *«служитель и соработник о Господе»* (Кол.4:7).

Если кто хвалится красотою телесною или знаменитостью рода, то не о Господе хвалится душа его; напротив того, каждый из таковых предан суете. Не заслуживают также истинной похвалы искусства средние и занимающиеся ими: кормчие, врачи, витии, строители, которые созидают города или пирамиды, или лабиринты, или другие какие дорогостоящие пышные громады зданий. Те, которые хвалятся этим, не в Господе полагают душу свою. Взамен всякой иной чести, для нас довольно именоваться рабами такого Владыки. Не будет ли слуга царев хвалиться, что он поставлен в том или другом чине служения? Ужели же удостоившийся служить Богу будет измышлять себе похвалы от иного, как будто для полноты славы и именитости недостаточно ему именоваться *«Господним»*! Итак, *«о Господе похвалится душа моя»*.

«Да услышат кротцыи, и возвеселятся». Поскольку Пророк говорит: чрез одно изменение лица, при содействии Божием, враги введены в обман и совершено мое спасение, то *«да услышат кротцыи»*, что можно и в мире живущим воздвигать победные знамения и не сражавшимся оказаться победителями; *«и да возвеселятся»*, утвердившись в кротости моим примером, ибо такую благость от Бога получил я за то, что имел кротость. *«Помяни, Господи, Давида, и всю кротость его»* (Пс. 131, 1). Кротость есть величайшая из добродетелей, потому причислена и к блаженствам. Ибо сказано: *«Блажени кротцыи: яко тии наследят землю»* (Мф. 5, 5).

Земля сия, небесный Иерусалим, не бывает добычею состязующихся, но предоставлена в наследие долготерпеливым и кротким. И слова: *«да услышат кротцыи»*, значат то же, что и слова «да услышат Христовы ученики». А может быть, пророчественно желает Давид, чтобы и до нас дошло чудо благодеяния Божия, над ним явленное. Да услышат и те, которые после многих поколений соделаются учениками Христовыми! Ибо тех назвал кроткими, которым Господь говорил: *«Научитеся от Мене, яко кроток есмь и смирен сердцем»* (Мф. 11, 29). Укротившие свои нравы, освободившиеся от всякой страсти, в чьих душах не поселено никакого мятежа –

они называются кроткими. Почему и о Моисее засвидетельствовано, что он был *«кроток зело паче всех человек сущих на земли»* (Числ.12:3).

(4) *«Возвеличите Господа со мною»*. Приличный себе лик собирает Пророк к прославлению Господа. Не приобщайся ко мне ни мятежный, ни смущенный, ни распаляющий душу плотскими страстями, но вы, кроткие, вы, которые приобрели твердость и постоянство души, отрясли леность и сонливость в исполнении своих обязанностей, – вы *«возвеличите Господа со мною»*. Возвеличивает же Господа тот, кто великим умом, твердым и возвышенным духом терпит искушения за благочестие; и потом, кто великим умом и в самых глубоких умозрениях рассматривает величие творения, чтобы в величии и красоте тварей созерцать их Рододелателя (ср.: Прем.13:5). Ибо чем кто более углубляется в законы, по которым устроена и по которым управляется вселенная, тем яснее созерцает велелепоту Господню и по мере сил возвеличивает Господа.

Поскольку же одного ума и размышлений одного человека нисколько не достаточно к уразумению величия Божия, то Пророк всех вместе кротких приемлет в общение сего дела. Посему должно совершенно упразднить себя от внешних мятежей, произвести совершенное безмолвие в потаенной храмине советов сердца и потом приступить к созерцанию истины. Послушай исповедующегося во грехе, что он говорит: *«Смятеся от ярости око мое»* (Пс. 6, 8).

Не только же гнев, но и пожелание, и робость, и зависть приводят в смятение око души, и вообще все страсти приводят в замешательство и смятение душевную прозорливость. И как невозможно мутным оком принять верное впечатление от видимого предмета, так невозможно с возмущенным сердцем приступать к познанию истины. Посему должно удалиться от всех мирских дел, ни чрез зрение, ни чрез слух, ни чрез другое какое чувство не вводить в душу посторонних помыслов. Ибо воздвигаемые плотским мудрованием брани исполняют внутренность сердца неумолкающими мятежами и непримиримыми раздорами.

(5) *«Взысках Господа, и услыша мя.»* Пророк говорит: сие *«да услышат кротцыи»*! И в это тяжкое время, когда подвигся на меня весь гнев памятозлобных и руки всех на меня вооружились, а я, ничем не защищенный, готов был принять на себя все удары врагов, и в это время не смутился я помыслами от страха, не оставил мысли о Боге, не отчаялся в своем спасении, но *«взысках Господа»*. Не искал только, с каким-нибудь простым и временным упованием на Господа, но *«взысках»*, ибо речение *«взысках»* выражает более нежели «искал», подобно как «испытывание» – более нежели «пытание». Ибо *«исчезоша испытающии испытания»* (Пс. 63, 7). Посему словом *«взыскание»* псалом изобразил какой-то глубокий покой и безмятежность.

«И от всех скорбей моих избави мя». Вся жизнь праведника исполнена скорбей, это путь тесный и скорбный. *«Многи скорби праведным»* (Пс. 33, 20). Потому и Апостол говорит: *«Во всем скорбяще»* (2Кор. 4, 8), и – *«яко многими скорбьми подобает нам внити во Царствие Божие»* (Деян.14:22). Избавляет же Бог святых Своих от скорби, не без испытания их оставляя, но подавая им терпение. Ибо если *«скорбь терпение соделовает, терпение же искусство»* (Рим.5:3–4), то избегающий скорби лишает себя опытности. И как никто не получает венца, не имея у себя противника, так и опытным можно оказаться не иначе, как чрез скорби. Посему слова: *«от всех скорбей моих избави мя»*, не значат: не попустил мне скорбеть, но даровал *«со искушением и избытие, яко возмощи понести»* (ср.: 1Кор. 10, 13).

(6) *«Приступите к Нему, и просветитеся, и лица ваша не постыдятся»*. Сидящих во тьме и сени смертной – их увещевает приступить ко Господу, приблизиться к лучам Божества Его, чтобы, чрез приближение озарившись истиною по благодати, вместили они в себя просвещение Его. Ибо как сей чувственный свет не для всех равно сияет, но для тех, которые имеют глаза, бодрствуют и могут беспрепятственно наслаждаться появлением солнца, так и *«Солнце правды»* (ср.: Мал.4:2), *«Свет»* истины, *«Иже просвещает всякаго человека грядущаго в мир»* (Ин.1:9), не всем дает видеть светозарность Свою, но тем, которые живут достойно света. Ибо сказано: *«свет возсия»* не грешнику, но *«праведнику»* (Пс. 96, 11). Как солнце хотя восходит, но не для нетопырей и других животных, во время ночи снискивающих себе пищу, так, хотя свет сам в себе блистателен и всеозаряющ, однако ж не все приобщаются его сияния. Так и *«всяк делаяй злая ненавидит света и не приходит к свету, да не обличатся дела его»* (Ин.3:20).

Итак, *«приступите к Нему, и просветитеся, и лица ваша не постыдятся»*. Блажен, кто в день Праведного Суда Божия, когда *«приидет Господь»* во свете *«привести тайная тмы»* и *«объявить советы сердечныя»* (ср.: 1Кор. 4, 5), осмелившись вступить в сей обличительный свет, возвратится непостыженным, потому что его совесть не осквернена порочными делами. А те, которые делали зло, воскреснут на поругание и стыд, чтобы увидеть в самих себе мерзость и отпечатление соделанных ими грехов. И может быть, страшнее тьмы и вечного огня тот стыд, с которым увековечены будут грешники, непрестанно имея пред глазами следы греха, соделанного во плоти, подобно какой-то невыводимой краске, навсегда остающиеся в памяти души их. Не много же таких, которые бы могли приступить к свету истины и открыть его и, открыв сокровенное, отойти с непостыженным лицом.

(7) *«Сей нищий воззва, и Господь услыша и»*. Не всегда нищета похвальна, а только когда она с евангельскою целью принята произвольно. Ибо многие по достатку нищи, а по произволению весьма любостяжательны. Их бедность не спасает, а произволение осуждает. Посему блажен не тот, кто беден, но кто сокровищам мира предпочитает заповедь Христову. Таковых и Господь называет блаженными, говоря: *«Блажени нищии духом»* (Мф. 5, 3), – не бедные имуществом, но избравшие нищету от сердца. А что не от произвола, то и блаженным не делает. Посему всякая добродетель, а преимущественно пред всеми нищета имеет отличительным признаком свободное произволение.

Итак, *«сей нищий»*, говорит Пророк, *«воззва»*. Назнаменующим гласом призывает он мысль твою к обнищавшему по Богу, алчущему, жаждущему и терпящему наготу. *«Сей нищий»*, едва не указывает он перстом, то есть сей ученик Христов. Можно слова сии отнести и к Самому Христу: Он, *«богат сый»* по естеству (так как все, что имеет Отец, принадлежит и Ему), *«нас ради обнища, да мы нищетою Его обогатимся»* (ср.: 2Кор. 8, 9). Да и всякое почти дело, ведущее к блаженству, предначал Сам Господь, Себя предложив в пример ученикам. Возвратись к блаженствам и, рассмотрев каждое, найдешь, что учение словом предварил Он делами.

«Блажени кротцыи». Где же нам научиться кротости? «Научитеся от Мене», говорит Господь, «яко кроток есмь и смирен сердцем» (*Мф. 11, 29*). «Блажени миротворцы». Кто же научит нас благам мира? Сам Миротворец, «творяй мир» *и примиряющий* «оба во единаго новаго человека» *(ср.: Еф. 2, 15)*, «умиротворивый кровию креста» *Своего*, «аще земная, аще ли небесная» *(ср.: Кол.1:20)*.

«Блажени нищии». Сам Он обнищал и «умалил Себе в зраке раба, да мы вси от исполнения Его приимем и благодать воз благодать» *(ср.: Флп. 2, 7; Ин.1:16)*.

Итак, если кто, водимый Святым и человеколюбивым Духом, не мечтая о самом себе, но уничтожая себя, чтобы возвысить других, возопиет духом, испрашивая чего-либо великого, и не произнесет ничего недостойного и низкого, выражающего искание земного и мирского, то вопль сего просящего услышан будет Господом. А какой же конец услышания? Тот, что избавится *«от всех скорбей»* не уязвленным, не изнемогшим, не поработившимся мудрованиям плоти.

Каким же образом избавляется нищий?

(8) *«Ополчится Ангел Господень окрест боящихся Его, и избавит их».* Сим Пророк объяснил, кого называет нищим, – именно того, кто боится Господа. Посему боящийся стоит еще на степени раба, а усовершившийся любовью достиг уже достоинства сына. Раб именуется и нищим, потому что не имеет ничего собственного, а сын уже богат и потому, что он наследник отеческих благ.

Итак, *«ополчится Ангел Господень окрест боящихся Его».* Ангел не отступит от всех уверовавших в Господа, если только не отгоним его сами худыми делами. Ибо как пчел отгоняет дым и голубей смрад, так и хранителя нашей жизни Ангела отдаляет многоплачевный и смердящий грех. Если имеешь в душе дела, достойные ангельского хранения, и обитает в тебе ум, обогащенный умозрениями истины, то по богатству не оцененных дел добродетели Бог необходимо приставит к тебе стражей и хранителей и оградит тебя охранением Ангелов. Смотри же, какова природа Ангелов! Один Ангел равняется целому воинству и многочисленному ополчению.

Итак, в величии твоего хранителя Господь дарует тебе ополчение, а в крепости Ангела как бы ограждает тебя отсюду его защитою. Ибо сие значит *«окрест»*. Как городские стены, вокруг облегая город, отсюду отражают вражеские нападения, так и Ангел служит стеною спереди, охраняет сзади и с обеих сторон ничего не оставляет неприкрытым. Посему-то *«падет от страны твоея тысяща, и тма одесную тебе, к тебе же не приближится»* (Пс. 90, 7) удар кого-либо из врагов, *«яко Ангелом Своим заповесть о тебе»* (Пс. 90, 11).

(9) *«Вкусите и видите, яко благ Господь»*. Многократно замечали мы, что душевные силы именуются подобоименно с внешними членами. Поскольку же Господь наш есть истинный хлеб и Плоть Его -истинное брашно, то необходимо, чтобы наслаждение веселием хлеба произведено было в нас чрез духовное вкушение. Как свойство меда не столько словом, сколько самим чувством вкуса может быть объяснено не изведавшим меда, так и доброта небесного слова не может быть ясно передана в учении, если по долговременном изведании учений истины не возможем собственным опытом постигнуть благость Господню.

«Вкусите», сказал, а не «насытьтесь», потому что *«ныне разумеем от части, видим»* истину *«зерцалом в гадании»* (ср.: 1Кор. 13, 12), но придет время, когда нынешний залог, сие вкушение благодати обратится для вас в совершенство наслаждения. Как страждущие желудком и чувствующие отвращение к пище, от сего расстройства лечатся у врачей, которые с помощью приготовленной особенным способом пищи возбуждают к ней позыв, и когда чувство сими искусственными снедями раздражено, позыв на пищу час от часа более увеличивается, так и в слове истины самое испытание, говорит Пророк, будет непрестанно призывать вас к ненасыщаемому вожделению. Посему *«вкусите»*, говорит он, да будете *«блажени»*, как *«алчущие и жаждущие правды»*.

«*Блажен муж, иже уповает Нань*». Кто непрестанно вожделевает слова, тот ни на что иное не возложит упования, кроме Господа.

(10) «*Бойтеся Господа вси святии Его, яко несть лишения боящимся Его*». Если страх не управляет нашею жизнью, то невозможно произойти освящению в теле. Ибо сказано: «*пригвозди страху Твоему плоти моя*» (Пс. 118, 120). Как у пригвожденных гвоздями члены тела остаются неподвижны и бездейственны, так и объятые в душе Божиим страхом избегают всякого страстного обуревания грехом. Посему «*несть лишения боящемуся*», то есть удерживаемый страхом от всякого неприличного поступка не лишен сил ни для какой добродетели, но совершенен и не имеет недостатка ни в одном из совершенств, свойственных человеческой природе. Как по телу не совершенен тот, у кого недостает какого-либо необходимого члена, но в том самом и не совершенен, чего недостает ему, так не радеющий и о единой заповеди чрез неисполнение бывает уже не совершенен по причине сего недостатка. А кто усвоил себе совершенный страх и всего боится из богобоязненности, тот ни в чем не согрешит, потому что ничего не презирает, и он не потерпит лишения, потому что во всяком случае непрестанно с ним страх.

(11) «*Богатии обнищаша и взалкаша, взыскающии же Господа не лишатся всякаго блага*». Слово сие научает нас и презрению вещественного богатства, показывая непрочность изобилия в имуществе. Ибо богатство не постоянно и, как волна, гонимая силою ветров, обыкновенно течет туда и сюда. И «*богатыми*» Давид называет, может быть, израильтян, «*ихже всыновление... и служение и обетования: ихже отцы*» (ср.: Рим.9:4–5). Они-то «*обнищаша*», согрешив против Господа, а взыскавшие Господа вместо них «*не лишатся всякаго блага*».

Но как же израильтяне *«обнищаша и взалкаша»*? Поскольку убили они Хлеб животный, то пришел на них голод хлеба. Поскольку злоумыслили против Источника воды живой, пришла к ним жажда и наложено на них наказание мучиться от жажды. Но этот глад не чувственного хлеба и *«не жажда воды, но глад слышания слова Господня»* (Ам.8:11). И так они *«обнищаша и взалкаша»*, а из язычников научившиеся взыскать Господа *«не лишатся всякаго блага»*. Всесовершенное благо есть Сам Бог, Которого *«не лишатся вси взыскающие Его»*.

Если кто невежествен, имеет неясное понятие о добре и зле, то и он да не называет благим находящего наслаждение во временном, которое преходит с разрушением тела. Ибо кто вещественное богатство и плотские преимущества возводит на степень благ, тот низким и никакого внимания не заслуживающим вещам присвояет достопоклоняемое и одному Богу приличное имя и вместе с тем впадает в самое грубое противоречие. Ибо или должен сказать, что Апостолы не получили телесных благ, потому что не взыскали Господа, или, если и взыскав, не имели таких благ, должен обвинять само Писание, которое говорит, что *«взыскающие Господа»* не будут лишены *«ни единаго блага»*.

Напротив того, святые и Господа взыскали, и не остались без разумения самого взыскуемого, и не лишились благ, уготованных в вечном упокоении. Ибо о них можно в собственном смысле сказать: *«всякаго блага»*, потому что телесные наслаждения заключают в себе более болезненного, чем приятного: супружество – бесчадие, вдовство – растление, земледелие – бесплодие, торговля – кораблекрушения, богатства – козни, роскошь – пресыщение, частые наслаждения – разного рода болезни и многовидные страсти.

Взыскал Господа Павел и не был лишен ни *«единаго блага»*; а между тем кто исчислит телесные скорби, в которых он проводил всю свою жизнь? *«Трищи палицами биен, единою каменьми наметан, трикраты корабль опровержеся»* с ним, *«нощь и день во глубине сотвори, в путных шествиих множицею... во алчбе и жажди, в пощениих многащи, в труде и подвизе»* и многократно в нуждах (ср.: 2Кор. 11, 25–27). И что же? Человек, который до последнего часа был алчущим и жаждущим, терпел наготу и страдания, ужели не лишен был телесных благ? Посему возведи мысль твою к истинному благу, чтобы уразуметь тебе и согласие Писания, и самому себя не запутать обоюдностью понятий.

(12) *«Приидите, чада, послушайте мене, страху Господню научу вас»*. Это голос искренно расположенного учителя, с отеческим благосердием призывающего к учению, потому что ученик есть духовное чадо учителя. Приемлющий от другого образование в благочестии как бы им созидается и приводится в состав, подобно тому как в утробе чревоносящей образуются младенцы. Посему и Павел всю Церковь Галатийскую, которая отпала от первопреподанных учений и походила на недоношенный плод чрева, снова восприемля и Божиею силою воображая в галатах Христа, назвал чадами. И как он с болезнями и скорбью производил исправление поколебавшихся, то посему и сказал, что болит душою, скорбя об отпадших. *«Чадца моя, имиже паки болезную, дóндеже вообразится Христос в вас»* (Гал.4:19).

Итак, *«приидите, чада, послушайте мене»*. Чему же хочет учить нас духовный наш отец? *«Страху Господню»*, говорит он, *«научу вас»*. Поскольку выше заповедал бояться Господа и показал выгоды страха, сказав, что *«несть лишения боящимся Его»*, то преподает теперь некоторый урок о страхе Господнем. Что нужно быть здоровым, это может сказать всякий, даже невежда, но как должно приобретать здоровье, говорить об этом –

дело человека, знающего врачебное искусство. Не всякий страх благ и спасителен, но есть страх вражий, о котором молится Пророк, чтобы он не приближался к душе его, говоря: *«От страха вражия изми душу мою»* (Пс. 63, 2). Тот страх – вражий, который вдыхает в нас боязнь смерти и который внушает нам страшиться преимущества лиц. Ибо боящийся сего возможет ли во время мученичества противостоять греху даже до смерти и воздать долг умершему за нас и воскресшему Господу? А также приводимый в страх демонами имеет в себе страх вражий. И вообще такой страх кажется мне немощью, порожденною неверием, ибо верующий, что есть у него крепкий помощник, не страшится никого из усиливающихся возмутить его.

А что же такое страх спасительный, страх освящающий, страх, преднамеренно, а не по немощи, поселяемый в душе? Хочешь ли, объясню тебе свойства сего страха? Когда увлекаешься в какой-нибудь грех, представь себе мысленно страшное и нестерпимое судилище Христово, где на высоком и превознесенном Престоле восседает Судия, вся же тварь с трепетом предстоит при славном Его явлении, и каждый из нас приводится на испытание соделанного им в жизни; потом к совершившему в жизни много худых дел приставляются страшные и угрюмые ангелы, у которых и взор огненный, и дыхание огненное – по жестокости их воли, и лица подобны ночи – по унылости и человеконенавидению; потом непроходимая пропасть, глубокая тьма, огонь несветлый, который во тьме содержит попаляющую силу, но лишен светозарности; потом какой-то ядоносный и плотоядный червь, пожирающий с жадностью, никогда не насыщаемый и своим пожиранием производящий невыносимые болезни; потом жесточайшее из всех мучений – вечный позор и вечный стыд.

Сего страшись и, сим страхом вразумляемый, как некоторою уздою, воздерживай душу от худых пожеланий. Сему-то страху Господню обещал научить нас отец, но научить не всех, а только желающих слушать его, не далеко отпадших, но притекающих к нему с желанием спастись, не *«чуждых от завет»* (Еф. 2, 12), но чрез сыноположение Крещения соделавшихся присными Слову. Посему и говорит: *«приидите»*, то есть добрыми делами приблизьтесь ко мне, дети, удостоившиеся стать сынами света чрез пакибытие. *«Послушайте»* вы, у которых отверсты уши сердца, *«страху Господню научу вас»*, тому страху, который незадолго пред сим изобразило вам слово.

(13) *«Кто есть человек хотяй живот, любяй дни видети благи»*? Пророк спрашивает: хочет ли кто жизни – не этой общей, которою живут и бессловесные, но истинной, не пресекаемой и смертью? Ибо теперь, говорит он, вы умираете, и *«живот ваш сокровен есть со Христом в Бозе: егда же Христос явится, живот ваш, тогда и вы с Ним явитеся в славе»* (Кол.3:3–4).

Итак, Христос есть истинная жизнь, и наша истинная жизнь есть пребывание во Христе. Подобно сему и дни иные – *«благи»*, и на них-то указывает Пророк в своем провозглашении: *«Кто есть человек хотяй живот, любяй дни видети благи»*? Ибо дни века сего злы, так как и век сей, будучи мерою мира, о котором сказано, что *«мир весь во зле лежит»* (1Ин.5:19) и свойствами своими сообразен миру, им измеряемому. А самые дни суть части сего времени, посему Апостол говорит: *«Искупующе время, яко дние лукави суть»* (Еф. 5, 16). И Иаков свидетельствует: *«Дние лет»* моих *«малы и злы»* (ср.: Быт. 47, 9). Посему теперь мы – не в жизни, но в смерти. Потому и молится Апостол, говоря: *«Кто мя избавит от тела смерти сея»* (Рим.7:24)?

Но есть другая некая жизнь, к которой призывает нас слово. И хотя настоящие наши дни *«лукавы»*, однако же есть другие дни, *«благи»*, которые не пресекаются ночью. Ибо для них Сам Бог будет вечным светом, озаряя их сиянием Своей славы. Посему когда слышишь о *«благих»* днях, не думай, чтобы в обетовании говорено было тебе о здешней жизни, потому что тленны те дни, которые производит чувственное сердце, а тленное не может быть приличным даром нетленному. Но если душа нетленна, то нетленны должны быть и душевные дарования. И *«преходит образ мира сего»* (1Кор. 7, 31). Если закон имеет в себе тень грядущих благ, то представь себе какие-то радостотворные и святые субботы из дней вечных новомесячий, праздники, но представь их соответственно духовному закону!

(14) *«Удержи язык твой от зла, и устне твои, еже не глаголати льсти»*. Если хочешь иметь *«дни благи»* и любишь жизнь, то исполни заповеди жизни. Ибо сказано: *«Аще любите Мя, заповеди моя соблюдите»* (Ин.14:15). Первая же заповедь: *«Удержи язык твой от зла, и устне твои, еже не глаголати льсти»*. Ибо грех, содеваемый языком, и на деле весьма удобен и многообразен. Разгневался ли ты – и язык предваряет. Похоть ли возобладала тобою – язык прежде всего служит тебе как бы переводчицей и переносчицей, которая помогает во грехе и вводит в искушение ближних. Язык для тебя и оружие неправды, если он не от сердца говорит, но для обмана других.

Но к чему перечислять словом все грехи, совершаемые языком? Жизнь наша наполнена грехопадениями языка: срамословие, смехотворные, глупые, непристойные речи, пересуды, слово праздное, лживые клятвы, ложные свидетельства – все это и гораздо еще большее число зол суть произведение языка. А те, которые отверзают уста свои на поругание славы Божией и *«неправду в высоту глаголют»* (ср.: Пс. 72, 8), каким другим орудием совершают сие нечестие, как не орудием языка! Итак, поскольку *«от словес своих осудишися»* (Мф. 12, 37), то *«удержи язык твой от зла»* и *«не делай сокровища языком лживым суетная»* (ср.: Притч. 21, 6). Удержи и *«устне твои, еже не глаголати льсти»*, то есть сделай, чтобы целое орудие, данное тебе на служение слову, было свободно от действий лукавых. Лесть есть скрытое злодеяние против ближнего, совершаемое под личиною добра.

(15) *«Уклонися от зла, и сотвори благо: взыщи мира, и пожени и»*. Вот первоначальные советы и вступительные уроки благочестия: старайся преодолевать язык, воздерживаться от коварных замыслов, уклоняться от зла. Ибо не тому, кто совершенен, прилично воздержание от зла, но только еще начинающему надлежит уклоняться от стремления ко злу. И должно сперва, как от худого пути, удалиться от привычки к порочной жизни, а потом уже приступить к совершению добрых дел. Потому что невозможно приняться за доброе, не отступив наперед и совершенно не уклонившись от зла, как невозможно возвратить здоровье, не освободившись от болезни, или согреться прежде, нежели совершенно пройдет озноб. Все это одно с другим не совместно: так и тот, кто хочет вести добрую жизнь, должен освободиться от соприкосновения со злом.

«Взыщи мира, и пожени и». О сем мире сказал Господь: *«Мир оставляю вам, мир Мой даю вам: не якоже мир дает»* мир, *«Аз даю вам»* (Ин.14:27). Посему *«взыщи мира»* Господня и *«пожени и»*. А достигнешь его не иначе, как *«к намеренному гоня, к почести вышняго звания»* (ср.: Флп.3:14). Ибо истинный мир – горе́; а доколе мы связаны с плотью, неразлучно с нами многое, что нас

возмущает. Посему *«взыщи мира»*, то есть освобождения от мятежей мира сего, приобрети безмятежный ум, невзволнованное, невозмущенное состояние души, не колеблемое страстями, не увлекаемое ложными учениями, которые своим правдоподобием склоняют к согласию, чтобы чрез сие приобрести тебе *«мир Божий, превосходяй всяк ум»* (Фил.4:7) и охраняющий твое сердце. Кто ищет мира, тот ищет Христа, потому что *«Той есть мир наш»*, создавший *«оба во единаго новаго человека, творя мир»* (ср.: Еф. 2, 14–15) и *«умиротворивый кровию креста»* Своего, *«аще небесная, аще ли земная»* (ср.: Кол.1:20).

(16) *«Очи Господни на праведныя, и уши Его в молитву их»*. Как святые суть *«тело Христово и уди от части»* (1Кор. 12, 27) и Бог поставил их в Церкви, одних как бы глазами, других устами, а иных вместо рук или ног, так и святые духовные Силы, на небесах пребывающие, одни именуются очами, потому что им вверено над нами смотрение, а другие – ушами, потому что приемлют наши молитвы. Посему и теперь Силу, над нами надзирающую, и Силу, приемлющую молитвы, Давид назвал очами и ушами. *«Очи Господни на праведныя, и уши Его в молитву их»*. Поскольку всякое дело праведника достойно зрения Божия; и всякое слово его, так как праведный не говорит ничего праздного, сильно и действенно, то посему псалом уверяет, что праведник всегда пред взорами и всегда бывает услышан.

(17) *«Лице же Господне на творящия злая, еже потребити от земли память их»*. Под лицем, как думаю, разумеется открытое и явное пришествие Господа на Суд. Почему и сказано, что очи Господа, как бы еще издали нас назирающего, приникают на праведника, а само лице явится, чтобы истребить на земле всякую память беззакония. Но не представляй себе лица Божия в теле-

сном образе. Ибо в таком случае может показаться, что в Писании сказано нечто несообразное, то есть что особо очи сияют на праведника и особо лице обращено на порочных, между тем как невозможны ни очи без лица, ни лице без очей. *«Не узрит человек лице»* Господне и *«жив будет»* (ср.: Исх. 33, 20). Но Ангелы *«малых»* в церкви *«выну видят лице Отца»* нашего, Который на небесах (ср.: Мф. 18, 10). Посему для нас ныне по немощи облежащей нас плоти невместимо зрение славного явления Божия, но Ангелам, которые не имеют никакого покрова, подобного нашей плоти, ничто не препятствует непрестанно взирать на лице славы Божией. Почему, когда сделаемся сынами воскресения, тогда и мы будем удостоены знания лицем к лицу. Тогда праведные удостоятся лицезрения Божия в радости, а грешники – в Суде, потому что всякий грех будет истреблен Праведным Судом Божиим.

(18) *«Воззваша праведнии, и Господь услыша их, и от всех скорбей их избави их»*. Взывание праведных есть мысленное, и оно в потаенности сердца раздается велегласно и может достигать до самого слуха Божия. Ибо кто просит великого и молится о небесном, тот взывает и воссылает к Богу молитву, которая бывает услышана. И так *«воззваша, праведнии»* взыскали не чего-нибудь маловажного, земного, низкого. Потому и Господь внял их голосу и *«от всех скорбей их избави их»*, не столько освобождая их от огорчений, сколько приготовляя к тому, чтобы они были выше всего приключающегося.

(19) *«Близ Господь сокрушенных сердцем, и смиренныя духом спасет»*. Господь ко всем приближается Своей благостью, но мы сами себя удаляем грехами. Ибо сказано: *«Се удаляющии себе от Тебе погибнут»* (Пс. 72, 27). Почему о Моисее говорится, что он *«приступал»* к Богу (ср.: Исх. 24, 2), и если кто другой подобен Моисею,

то своими доблестями и добрыми делами делается он близок к Богу.

Кроме того, слова сии содержат в себе пророчество о пришествии Господа и согласны с предыдущими. Ибо там сказано: *«Лице Господне на творящия злая»*, то есть явление Его на Суде будет на погибель всякого лукавства. А здесь, сказав: *«Близ Господь сокрушенных сердцем»*, Пророк возвещает приближающееся же и недалеко отстоящее пришествие Господа во плоти. И в сем может убедить тебя сказанное в пророчестве Исаии: *«Дух Господень на Мне, егоже ради помаза Мя, благовестити нищим посла Мя, изцелити сокрушенныя сердцем, проповедати пленником отпущение и слепым прозрение»* (Ис. 61, 1). Поскольку посылаем был Врач для сокрушенных сердцем, то сказано: *«близ»* есть *«Господь»*. Вам говорю сие, смиренные и сокрушившие свое самомнение, чтобы вас обрадовать и ввести в долготерпение радостью ожидаемого!

Сокрушение же сердца есть истребление человеческих помыслов. Кто презрел настоящее, предал себя слову Божию и владычественное в себе предоставил помышлениям сверхчеловеческим и божественным, тот будет иметь сокрушенное сердце и соделает его жертвою, не уничтожаемою от Господа. *«Сердце сокрушенно и смиренно Бог не уничижит»* (Пс. 50, 19). Итак, *«близ Господь сокрушенных сердцем, и смиренныя духом спасет»*. Кто чужд всякого надмения, ничем человеческим не гордится, тот и сердцем сокрушен, и духом смирен. Правда, смирен1 и тот, кто ходит во грехе, потому что ничто так не смиряет, как грех. Посему растленную и потерявшую святыню девства называем смиренною. Так, сказано, что Амнон восстал на Фамарь и *«смири ю»* (2Цар. 13, 14).

Посему, которые утратили высокость и возвышение души, низложенные грехом на землю и как бы пригвожденные к земле, изгибаются, подобно пресмыкающемуся змию, и уже не в силах прийти совершенно в прямое положение, те смиренны, но не духом, почему смирение их и не похвально. Но которые имеют благодать Святаго Духа, те добровольно смиряют себя пред низшими, с Апостолом называя *«себе самех рабами»* всякого человека (ср.: 2Кор. 4, 5) о Христе, *«всем попрание доселе»*, и говоря еще с ним: *«якоже отреби миру быхом»* (1Кор. 4, 13). Они употребляют смирение духовно и делают себя последними из всех, чтобы стать первыми из всех в Царстве Небесном. Сих и Господь называет блаженными, говоря: *«блажени нищие духом»* (Мф. 5, 3).

(20) *«Многи скорби праведным, и от всех их избавит я Господь»*. Сказано: *«во всем скорбяще, но не стужающе си»* (2Кор. 4, 8). Почему и Господь говорит Своим ученикам: *«В мире скорбни будете: но дерзайте, яко Аз победих мир»* (Ин.16:33). Посему, если видишь когда праведников в болезнях, с поврежденными членами, покинутых своими, в ранах, в бесчестии, в совершенной скудости и лишении необходимого, то помни, что *«многи скорби праведным, и от всех их избавит я Господь»*. А утверждающий, что скорбь не прилична праведнику, не иное что говорит, как одно с утверждающим, будто бы борцу не приличен противоборник. Но борец, не выходящий на подвиг, будет ли иметь какой предлог к получению венцов? Вот уже в псалме сем в четвертый раз говорится, каким образом Господь избавляет от скорби, если кого хочет избавить. В первый раз: (5) *«взысках Господа, и услыша мя, и от всех скорбей моих избави мя»*. Во второй: (7) *«сей нищий воззва, и Господь услыша и, и от всех скорбей его спасе и»*. В третий: (18) *«воззваша праведнии, и Господь услыша их»*. В четвертый, наконец: *«многи скорби праведным, и от всех их избавит я Господь»*.

(21) *«Хранит Господь вся кости их, ни едина от них сокрушится»*. Должно ли остановиться на голом речении и удовольствоваться тем понятием, какое всего скорее представляется нашему вниманию, то есть что сии кости, сии опоры плоти не сокрушатся у праведных по причине охранения, данного им от Господа? И до тех ли пор, пока праведник жив, и в этом мире сохранятся кости его несокрушенными? Или и по разрешении от уз телесных не встретится причины к сокрушению костей праведника?

Впрочем, из опыта знаем, что сокрушены многие кости праведников, которые за свидетельство о Христе предавали себя страданиям всякого рода. Ибо гонители иным раздробили голени, другим многократно пронзали гвоздями руки и голову. Между тем кто же станет отрицать, что скончавшиеся в мученичестве всех праведнее? Напротив того, не понимать ли так: говорится – человек, а подразумевается душа и ум человеческий; так и члены целого человека называются подобоименно с частями телесными. Так Писание многократно именует члены внутреннего человека, например, когда говорит: *«Мудраго очи его во главе его»* (Еккл.2:14), то есть внутреннее мудрого прозорливо и осмотрительно. И еще Писание одинаково называет и духовные и плотские очи, не только в приведенном нами изречении, но и в словах: *«Заповедь Господня светла, просвещающая очи»* (Пс. 18, 9).

Что же сказать о сем изречении: *«Имеяй уши слышати да слышит»* (Лк.8:8)? Известно, что у них уши совершенны и способны слышать словеса Божии. Но не имеющим таких ушей что сказано? *«Глусии, услышите, и слепии, прозрите»* (Ис. 42, 18). И еще: *«уста моя отверзох и привлекох дух»* (Пс. 118, 131). И *«зубы грешников сокрушил еси»* (Пс. 3, 8). Ибо все сие сказано о способностях, служащих к принятию мысленной пищи и мысленного слова. Подобны сим речения: *«чрево мое болит мне»* (Иер. 4, 19), и *«нога»* праведного *«не поткнется»* (ср.: Притч. 3, 23). Ибо подобные выражения относятся к внутреннему человеку.

На сем же основании во внутреннем человеке можно представить себе и некоторые кости, которыми поддерживается связь и стройность между душевными силами. И как кости собственною твердостью ограждают мягкость плоти, так и в Церкви есть члены, которые по своей твердости могут носить на себе недостатки немощных. И как кости соединяются между собою в состав сросшимися жилами и связями, так и союз любви и мира может производить в Церкви Божией какое-то сращение и соединение костей духовных. О сих-то костях, лишенных своего сочленения и как бы вышедших из составов, Пророк говорит: *«Расточишася кости»* наши *«при аде»* (ср.: Пс. 140, 7). И если когда объемлет их смятение и трепет, то молится, говоря: *«Исцели мя, Господи, яко смятошася кости моя»* (ср.: Пс. 6, 3).

Но когда кости сии, хранимые Господом, соблюдают свою стройность, тогда ни одна из них не сокрушится, а напротив, они делаются достойными возносить славу Богу. *«Вся кости моя»*, говорит Пророк, *«рекут: Господи, Господи, кто подобен Тебе»* (Пс. 34, 10)? Видишь ли естество костей, имеющих и дар слова? Может быть, и Церковь скажет то же: *«вся кости моя рекут»*, относя сие к Таинству Воскресения. Ибо сказано: *«Се глаголет Господь костем сим: се, Аз введу в вас дух животен и дам на вас жилы, и возведу на вас плоть... и оживете и увесте, яко Аз есмь Господь»* (ср.: Иез.37:5–6). Сии-то кости, восприявшие жизнь и воздающие благодарение Воскресившему, *«рекут: Господи, Господи, кто подобен Тебе»*?

Не без причины присовокуплено: (20) *«смерть грешников люта»*, потому что есть смерть праведных, но она не люта по природе своей, а добра. Умершие со Христом приобщались благой смерти и умершие греху умерли смертью благою и спасительною. Между тем *«смерть грешников люта»*. Ибо их по смерти постигает мучение, как и богатого, который *«облачашеся в порфиру и виссон, веселяся на вся дни светло»* (Лк.16:19).

«И ненавидящии праведнаго прегрешат». Они ненавидят праведника, потому что сами живут во грехах, а нравы праведника, как прямизна правила, обличают их при сличении с совершенным. И поскольку живут во грехах, то, страшась обличения, ненавистно обращаются с праведником. А поскольку ненавидят его, то обременяют себя новыми грехами. Но много предлогов, по которым может быть ненавидим праведный. И свобода в обличениях, потому что ненавидят *«у врат наказующаго, и словом праведным»* гнушаются (Ам.5:10), и желание первенства, и любоначалие подвигли многих ненавидеть достойнейших, а иногда то же производило и неведение: что такое праведник и кто праведен?

«Смерть грешников люта». Может быть, и целую жизнь Пророк называет смертью, потому что Апостол назвал сию плоть смертью, сказав: *«Кто мя избавит от тела смерти сея»* (Рим.7:24)? А которые делают худое употребление из сего тела и обращают его на служение всякому греху, те приготавливают себе лютую смерть.

(23) *«Избавит Господь души раб Своих, и не прегрешат вси уповающии на Него»*. Поскольку созданные на служение Господу содержались в пленении у врага, то их души и избавит Господь Честною Своею Кровью. Посему никто из уповающих на Него не будет истязан во грехах.

БЕСЕДА НА ПСАЛОМ 37-Й[49]

(1) Псалом Давиду, в воспоминание [о субботе].

1. Слова Боговдохновенного Священного Писания будут стоять возле Престола Судии [на Страшном Суде]. Обличу тя, и представлю пред лицеем твоим грехи твоя (Пс.49:21). Посему будем же, трезвясь, внимать сказанному в Писании и на деле осуществлять Господни заповеди с усердием, потому что не знаем ни часа, ни дня, когда приидет Господь наш (Мф.24:42). (2) Господи, да не яростию Твоею обличиши мене, ниже гневом Твоим накажеши мене. Похожими стихами и словами начинается и шестой псалом, да и остальное содержание шестого псалма оказывается сродным этому. Ибо он говорил в шестом псалме, что все кости его смирились и душа его истощилась в плаче, и далее: измыю на всяку нощь ложе мое, слезами моими постелю мою омочу (Пс.6:7). Близко к тому и читаемое [в 37-м псалме]: Несть исцеления в плоти моей от лица гнева Твоего, несть мира в костех моих от лица грех моих. Яко беззакония моя превзыдоша главу мою (Пс.37:4) и все последующее далее содержание этого псалма, в котором оплакивается собственное страдание. Этим-то словом он и пользуется, говоря [дальше]: пострадах и слякохся до конца, весь день сетуя хождах. Но в надписании шестого псалма [можно видеть иные слова]: В конец в песнех о осьмом, псалом Давиду, а в этом псалме [в надписании] ничего подобного нет, а

лишь сказано: Псалом Давиду в воспоминание. Однако ясно, что это прибавление в воспоминание должно отсылать нас к надписанию шестого псалма, так же, как и следующее: В конец в песнех о осьмом. Ибо из всего прочего больше всего обращают внимание [слова]: в воспоминание. Но поскольку оставив в шестом псалме пропущенным то, что мы сказали относительно надписания, перейдём теперь и мы к воспоминанию сказанного прежде. Как мне видится, Давид о совершённом им прегрешении исповедуется во многих и различных псалмах, и собственно и этот псалом он уделил для воспоминания, чтобы всегда и везде иметь его на устах и пользоваться им, словно неким заклинанием, для лечения собственной души. Итак, он воссылает моление Богу, которым он отвращает гнев [Божий], належащий на всех согрешивших, умилостивляет же благость Божию звуками [этого как бы] опережающего исповедания. И говорит: Господи, да не яростию Твоею обличиши мене, [впрочем,] моля избавить не от самого обличения, но от сопряжённого с яростью. И ясно, что [словами:] ниже гневом Твоим накажеши мене, он не стремится избегнуть [самого] воспитательного наказания, но просит, чтобы оно было без гнева. Как если бы некто говорил врачу, приносящему в своём лице врачебную помощь для исцеления случившейся болезни с помощью прижигания, железа и горьких пилюль: «Лечи меня не огнём, не железом и разрезанием, но лучше милостивыми и мягкими лекарствами», ибо [очевидно, что больной] этот не само лечение отвергает, но тяготы, сопряжённые с лечением. Впрочем, часто говоримое в Боговдохновенном Писании о гневе и ярости Божиих не означает страсти, ибо Божественное чуждо всякой страсти. Слово же [Священного Писания] обыкновенно выражается метафорически, когда говорит о таких вещах, как глаза Божии, уши, руки, персты, ноги и остальные [телесные] члены, о которых домостроительно говорится для [человеческой] пользы и по снисхождению к младенчеству слушателей. Так что и находящие на согрешающих по Божиему суду наказания, будучи мрачными и мучительными для претерпевающих их, изображаются как происходящие из гнева и ярости. Так и священный апостол учит, говоря: Но, по упорству твоему и нераскаянному сердцу, ты сам себе собираешь гнев на день гнева и откровения праведного суда от Бога, Который воздаст каждому по делам его (Рим.2:5–6). Так, если кто и назовет гневом и яростью последующие из закона наказания для убийцы, то не по истине будет считать закон разгневанным и разъяренным, принимая за гнев наказание, положенное по закону. Служат наказанию для нечестивых и нечистые демоны, которые суть [как бы] служебные силы Божии, и они также названы гневом и яростью. Ибо так сказано и о десяти язвах, настигших [во времена Моисея] египтян, в следующих словах: Посла на ня гнев ярости Своея, ярость, и гнев, и скорбь, послание аггелы лютыми (Пс.79:49). Таким образом и они названы [словно] одесную Бога, поскольку [сами] руководятся достойными через правые и добрые Силы Божии. И поэтому Давид молится о собственном обличении, чтобы оно произошло не через нечистые силы, чтобы не через послание аггелы лютыми ему получить педагогическое вразумление, но через спасительные слова и [душе]полезные уроки. И кроме того, он молит, чтобы ему не оказаться сбереженным на день гнева, откровения и праведного Суда Божиего, но еще здесь, в этой жизни, прежде кончины избавиться от прегрешений. Итак, его целью является следующее: получить воздаяние [за грехи], ради которого он и страдает, еще прежде кончины. И еще: он сам себя наказывает, подвергая себя разнообразным наказаниям посредством [различных] видов исповедания.

Гнев и ярость Божии

2. (3–4) Яко стрелы Твоя унзоша во мне, и утвердил еси на мне руку Твою. Несть исцеления в плоти моей от лица гнева Твоего; несть мира в костех моих от лица грех моих. Великий подвижник 50 Иов, терпя многообразные искушения, не оставался при этом в неведении, откуда ему было все сие, и посему говорил: Стрелы бо Господни в теле моем суть, ихже ярость испивает кровь мою 51 (Иов.6:4). Давид же не в тело, подобно Иову, а в самую душу получил смертельную рану, и поэтому сказал не как Иов: Стрелы бо Господни в теле моем суть, но: Яко стрелы Твоя унзоша во мне, и утвердил еси на мне руку Твою. Иов же, вспоминая руку Господню говорит: рука бо Господня коснувшаяся ми есть (Иов.19:21). И диавол Господу говорит: но посли руку Твою и коснися всех, яже имать (Иов.1:11), и снова: обаче посли руку Твою и коснися костем его и плоти его (Иов.2:5). Но иное рука, и иное стрелы, поражающие его плоть и телесные52 [члены]. Здесь же, поскольку Давид занедужил своей душой, это значит, что он был ранен другими стрелами, и иная рука коснулась его. И как мне кажется, стрелы, о которых он здесь говорит, разумные, и скорее всего это словеса Божии, поражающие и ранящие его душу и устрашающие и наказывающие его совесть, поскольку таков был сей муж и стольких благ удостоился от Бога, а предался позорным делам. Но это означает не самого диавола и не зажженные стрелы лукавого, возбуждающие страсти и вожделение и воспламенившие похоть [Давида] к жене Урии, о которых и апостол пишет: Для сего приимите всеоружие Божие, которым возможете угасить все раскаленные стрелы лукавого (Еф.6:13–16), но поскольку [Давид] оказался невооруженным, то не смог устоять против зажженных стрел лукавого, которые очевидно ранят душу и возжигают похоть. Так что Иов стрелы диавола,

налагающие раны на его тело, поскольку это произошло по попущению Божию, называет стрелами Господа и говорит: Стрелы бо Господни в теле моем суть, ихже ярость испивает кровь мою (Иов. 6:4), посему, очевидно, и Давид здесь говорит о стрелах Господа, поскольку по попущению Божию вооружился на него враг, чтобы научить его [больше] не говорить: Аз же рех во обилии моем: не подвижуся вовек (Пс.29:7). Ибо будучи укрепляемым Божией благодатью, он в какой-то момент высоко возомнил о самом себе, так что стал самоуверенным и произнес: Аз же рех во обилии моем: не подвижуся вовек (Пс.29:7), и поэтому, очевидно, и был предан искусителю, который, коснувшись его души, наказал его больше, чем Иова. Слова же, напоминающие ему о правосудии [Божием], учащие о гневе, предназначенном для согрешающих, острее стрел, поскольку поражают, ранят и истязают совесть. И, так сказать, Давид будучи поражен этими священными и Божественными словесами, благословно упросил избегнуть ему обличения с яростью и наказания с гневом: Господи, да не яростию Твоею обличиши мене, ниже гневом Твоим накажеши мене. Почему так? «Потому что стрелы Твоя [уже] унзоша во мне. Ибо воспринятые [мной] гнев и ярость выпущенные Тобой стрелы и так меня основательно устрашают и порядком наказывают. И я уже достаточно устрашен и уже достаточно наказан». Посему он и молит, чтобы ему не быть искушенным ни еще каким-нибудь другим гневом, ни яростью, потому что [и так уже] стрелы Твоя унзоша во мне или, по Симмаху53 «коснулись меня».

3. И утвердил еси на мне руку Твою. Руку же Господню, коснувшуюся его, понимай так же, как и в случае с Иовом. Сия же рука Господня потрясла до основания весь дом Давида, в первенце среди его детей возбудила страсть к сестре, воспламенила гневом Авессалома про-

тив своего брата (2Цар.13), так что он убил Амнона, а затем восставила того и против самого отца, и вообще, все то, что было изображено в историческом повествовании, означает руку. «Рука Твоя коснулась меня через [чреду] несчастий. Посему молю, говорит он, чтобы мне не быть обличенным другой [какой-нибудь] яростью и быть наказанным не [другим,] худшим [каким-нибудь,] гневом». Но не только это, но и то, о чем повествуется далее и о чем он учит, произнося следующее: Несть исцеления в плоти моей от лица гнева Твоего, несть мира в костех моих от лица грех моих. [То есть он как бы так] говорит: «Я предпочел быть наказанным не вне собственного тела, самого себя наказав раной, полученной от лукавого, [и поэтому] и мою плоть, которой я совершил прегрешение, я [также] предал наказанию, карая и наказывая сам себя различными карами». Это он выражает и другими словами, говоря: Аз же... смирях постом душу мою (Пс.34:13), и плоть моя изменися елеа ради (Пс.108:24), яко забых снести хлеб мой, от гласа воздыхания моего прильпе кость моя плоти моей (Пс.101:5–6), и измыю на всяку нощь ложе мое, слезами моими постелю мою омочу (Пс.6:7). Так же и теперь он говорит: Несть исцеления в плоти моей от лица гнева Твоего. Вместо «[от лица] гнева [Твоего]» Акила и Симмах согласно [друг с другом] переводят «от лица негодования Твоего». Ибо довольно мне было, [как бы] говорит он, и негодования из Божественного Писания, и угроз через пророка Нафана. Поэтому «от лица негодования Твоего я сам так наказан, что наказал свою плоть, [и поэтому] несть мира в костех моих от лица грех моих». Симмах же передает «[несть мира в костех моих] от грех моих». (5–7) «Яко беззакония моя превзыдоша главу мою, яко бремя тяжкое отяготеша на мне. Возсмердеша и согниша раны моя от лица безумия моего. Пострадах и слякохся до конца. И поскольку все это со мной произошло, то пострадах и слякохся до конца, весь день сетуя хождах». Ведь через то, что он выразил, что он пострадал и что сам себя наказал, не один грех сам в себе осудил, но вместе с ним и многие [другие грехи], и этот [грех], который не остался сокрытым в его душе и вне тела, но превозмог себя и всем то [что случилось с ним] открыл. В своей обвинительной речи он был сам себе судьей. [Потому что] праведник сам себе обвинитель, опережая в этом всякого [другого] человека-обвинителя и заграждая уста врагов, которые поэтому не имеют что сказать против него. Этим слова [Священного Писания] учат же нас не прятать свои злодеяния и не таить прегрешения в душе, словно некую черноту или гниль, разъедающую совесть. Ведь так же обстоит дело и с лихорадочными заболеваниями тот, кто внутри себя в глубине имеет горячку, производит еще большую болезнь, а, делая ее явной, подает надежду на выздоровление. Так же происходит и с душой. И еще кое-что другое сообщает, научая о самом себе Давид относительно произошедшего с ним, говоря: яко бремя тяжкое отяготеша на мне. Ибо он отяготил совесть свою совершёнными преступлениями и теперь не может вынести их в себе из-за благородства и доброты своей души. Ибо тот, кто неподатлив и ожесточен по собственной жестокости и нераскаянному сердцу, тот собирает себе гнев на день гнева (Рим.2:5), прилагая грех ко греху и умножая свои грехи. Когда грешник придет во глубину зол, тогда презирает (см. Притч.18:3); добрый же, если и случится ему однажды поскользнуться по дьявольскому уловлению, ужасно этим отягощает собственную совесть, как не могущий ни молчать, ни скрывать свое злодеяние. Ибо от избытка сердца говорят уста (Мф.12:34). Когда же он не выносит молчания, то, обнаруживаясь, восклицает: «яко бремя тяжкое отяготеша на мне, то есть мои беззакония». И опять: Возсмердеша и согниша раны моя от лица безумия моего. Безумием [пророк] называет здесь безумный поступок, проистекающий из неразумия. Ибо всякий грех бывает по неразумию, добродетель же суть разумение, и все, что совершается в соответствии с ним (разумением) достойно похвалы и имеет ценность добродетели. И совершаемое по разумению есть причина здоровья души, а то, что делается по неразумию, причиняет душе повреждения и раны. Не отступающие же от грехов, радующиеся им и получающие от них удовольствие уподобляются свиньям, валяющимся в грязи. Тот же, кто однажды поскользнулся и затем вновь взял себя в руки и возненавидел это деяние как зловонное и нечистое, возгнушался его. И пережив это, Давид уже из [глубины] здравой совести, исповедуясь, говорит: Возсмердеша и согниша раны моя от лица безумия моего. Поскольку, поднявшись вверх, мои беззакония умножились и стали выше головы, то и отяготеша на мне, и возсмердеша и согниша, и от этого исцеляясь, он пострадах и слякохся до конца. И не один день, ни на краткий час, но весь день сетуя хождах, или, по Симмаху, «бродил печальный», не будучи безразличен к тому, что совершил, и не возносясь [при этом] своим царским саном; итак, будучи неподвластен никакому судье, но «изза Твоего страха и Твоего негодования я весь день сетуя хождах».

4. (8–10) Яко лядвия моя наполнишася поруганий, и несть исцеления в плоти моей. Озлоблен бых и смирихся до зела, рыках от воздыхания сердца моего. Господи, пред Тобою все желание мое, и воздыхание мое от Тебе не утаися. Вместо лядвия моя наполнишася поруганий Акила приводит: «бока мои наполнились бесчестиями», а Симмах: «лядвия моя наполнились бесчестий». И поэтому, когда на память ему приходит [совершенное им] позорное и бесчестное деяние, и чтобы укрепить чув-

ствилище своей души, он говорит так: Возсмердеша и согниша раны моя от лица безумия моего. А почему же возсмердеша, он продолжает, говоря: Яко лядвия моя наполнишася поруганий, или «бока мои наполнились бесчестиями», символизируя этим позорное деяние. А когда берет себя в руки, то говорит: и несть исцеления в плоти моей. Поскольку лядвия моя наполнишася поруганий, поэтому, говорит он, что «приходя в покаяние о содеянном, я наказываю и угнетаю свою плоть», поэтому и несть исцеления в плоти моей. Так что если бы он мог сказать [то сказал бы]: если внешний наш человек и тлеет, то внутренний со дня надень обновляется (2Кор.4:16), но прежде говорит: несть исцеления в плоти моей. и несть мира в костех моих. А затем продолжает: Озлоблен бых и смирихся до зела. Но это звучит несколько иначе, чем то, что он изрек прежде: пострадах и слякохся до конца. Ибо мужам разумным свойственно не превозноситься по поводу совершенных от невнимания и совосхищения согрешений, но стыдиться их и краснеть и быть поражаемыми совестью и смиряться. И Давид о таких и говорит: рыках от воздыхания сердца моего, или как приводит Акила: «ревел от скрежетания сердца моего». [Он как бы так говорит:] «Ибо я исповедал устами не для того, чтобы сделаться явным для многих; но внутри сердца, закрыв глаза54, Тебе единому видящему я покажу мое скрытое стенание, вопия в самом себе. Ибо польза в этом моем исповедании была не от многочисленных слов, так как довольно было для моего исповедания и стенаний сердца моего, и воплей, ниспосылаемых из глубины души к Тебе, Боже. [Господи, пред Тобою все желание мое.] Но и желание у меня было благое пред Тобою, Господи; и оно было о моем спасении. Ибо прежде я желал злого, и это желание не было пред Тобою, Господи; теперь же, когда я все совершаю, смирившись, и «рыкаю» от воздыхания сердца моего, и Тебя Спасителя и Врача я желаю, то поэтому пред Тобою все желание мое, и о причине Моего стенания Ты не неведаешь. Ибо знаю, что воссылаю Тебе стенание, достойное Твоего человеколюбия, поскольку Ты желаешь не смерти грешника, но его покаяния».

5. «Посему и говорю: и воздыхание мое от Тебе не утаися. (11–13) Сердце мое смятеся, остави мя сила моя, и свет очию моею, и той несть со мною. Друзи мои и искреннии мои прямо мне приближаша и сташа, и ближнии мои отдалече мене сташа, и нуждахуся ищущи душу мою, и ищущи злая мне, глаголаху суетная, и льстивным весь день поучахуся». Озаглавив этот псалом словами «в воспоминание», он тем самым воскрешает в памяти воспоминания о происшедшем ранее. Учит же он об этом, описывая то, что было, и как он, поскальзываясь, впадал в греховные ошибки, ради чего и совершается всякое исповедание [грехов]. Пострадах и слякохся... сетуя хождах... смирихся... рыках от воздыхания сердца моего. Во все это он впадал в некое время. Сердце мое смятеся, остави мя сила моя, и свет очию моею, и той несть со мною. Ибо во время [совершения] греха [и после этого] немалое с ним произошло [как] потрясение разума, смущение и помрачение от действующего через грех [диавола], так и впадение в неразумие. Поэтому он выше и говорил: Возсмердеша и согниша раны моя от лица безумия моего. Сердце его было в смятении, так что у него наступило безумие, и от добродетели, совершаемой с разумением, он отпал, а совершал дела неразумия. Посему и оставила его сила его, ибо таковой уже не мог сказать: Все могу в укрепляющем меня Иисусе Христе (Флп.4:13), но был побежден страстями и обессилен. О побеждающих [можно было бы сказать]: дух бодр, плоть же немощна (Мф.26:41), а о побеждаемых:

когда плоть превозносится и усиливается, тогда слабеет и заболевает душа. Итак, «поскольку я согрешил, то сердце мое смятеся, остави мя сила моя, и другое более тяжкое случилось со мной» [хочет сказать нам пророк. И далее:] И свет очию моею (то есть пророческий Дух, просвещающий зрение его души), и той несть со мною», то есть покинул и удалился от него, поскольку в злохудожну душу не внидет премудрость, ниже обитает в телеси повиннем греху: святый бо Дух наказания отбежит льстива и отыметтся от помышлений неразумных и обличится от находящия неправды (Прем.1:4–5). Итак, удалился от него Дух Святой, оставив его в одиночестве и со смятенным сердцем, и сила его ослабла. Но и прежние друзи его, искреннии и ближнии его, которые во всякое время пребывали с ним, [также] оставили его — отдалече мене сташа, то есть более уже не желали быть с ним вместе, и теперь, как видно, издали оплакивают несчастья своего друга. Но кто же это были, как не добрые Ангелы и служители Божии, ранее радовавшиеся его прежним добрым делам и [вообще] сорадующиеся о спасении человеков? Если же они радуются об одном грешнике кающемся (Лк.15:7), то ополчится Ангел Господень окрест боящихся Его (Пс.33:8). И все эти друзья Давида, во время его согрешения отвернувшись, удалились от него, но, впрочем, они не совершенно ушли от него, а отдалече сташа, о чем и сам он учит, говоря: «Друзи мои и искреннии мои прямо мне приближшася и сташа. И ближнии мои отдалече мене сташа. Итак, эти оказались далеко от меня, но те, кто производит грех, стали при этом ко мне ближе и над душой издевались моей». Поэтому он и продолжает, говоря: «...и нуждахуся ищущи душу мою, и ищущи злая мне, глаголаху суетная, и льстивным весь день поучахуся. Ибо эти издревле жаждавшие моей крови и долгое время чаявшие увидеть мое падение, когда же, наконец, дождались удобного момента и увидели, что остави мя сила моя, и свет очию моею оставил меня, и что друзи мои и ближнии мои отдалече мене сташа, мгновенно напали нуждахуся ищущи душу мою, и словно какие-то зложелатели, глаголаху суетная, то есть вбрасывая внутрь моей души суетные мысли и [вместе с тем] коварно прельщая и обманывая, словно ловя на некую благую приманку, влекли меня ко греху». Поэтому он, продолжая, и говорит: и льстивным весь день поучахуся.

6. (14–15) «Аз же яко глух не слышах, и яко нем не отверзаяй уст своих. И бых яко человек не слышай, и не имый во устех своих обличения. Поскольку ищущи душу мою настигли ее, а настигши, надругались над ней, и надругавшись, радовались моим бедам. Затем глаголаху суетная и замышляли всякий день козни. К тому же я был покинут своими друзьями, не имея ничего сказать, будучи исполнен бесчестия, посему я и яко глух не слышах, но прежде будучи ученейшим [мужем,] и был научен имевшейся у меня мудростью, стал яко нем не отверзаяй уст своих. Ибо у меня не стало никакого слова для оправдания, и я не имел чем возразить своим врагам, будучи во всем ими побежденным. Но бых яко человек не слышай, и не имый во устех своих обличения. Ибо я был сам обличаем, но не обличал [кого-либо другого] и не имел возражений, будучи покрыт стыдом. (16–17) Яко на Тя, Господи, уповах, Ты услышиши, Господи, Боже мой. Якорех: да не когда порадуют ми ся врази мои, и внегда подвижатися ногам моим, на мя велеречеваша. И все это навалилось на меня. Поэтому и был я яко глух не слышах, и яко нем не отверзаяй уст своих. И бых яко человек не слышай, и не имый во устех своих обличения, поэтому я им ничего и не говорил, как если бы был побежден ими. Но через это я не отчаялся в самом себе, но

вновь собрав самого себя, убежав от греха, как от смерти, и лекарствами исповедания исцеляя свою язву. И рубцы от ран от лица безумия моего требуют достойного уврачевания. Поэтому и на Тя, Господи, уповах, ибо не имею дерзновение [надеяться на себя], и не на кого-либо другого полагаю свою надежду пред глазами [своими] или [пред] Тобой, и не себе приписываю причину исцеления. Поскольку же я надеялся на Тебя, Господи, а надежда не постыжает (Рим.5:5), посему и услышал, что Ты Волитель милости и не желаешь смерти грешника, но еже обратитися и живу быти ему (Иез.18:23, 32). Посему и на Тя, Господи, уповах, моля Твою помощь прийти ко мне, да не когда порадуют ми ся врази мои. Ибо они еще не совершенно возрадовались, а возрадуются, если я не достигну Твоей милости. Но чтобы мои враги не возрадовались, те, которые и прежде уже внегда подвижатися ногам моим, на мя велеречеваша, я бежал к Тебе, и говорю: да не постыжуся во век, ниже да посмеютмися врази мои (Пс.24:3). И снова говорю: К Тебе, Господи, воззову, Боже мой, да не премолчиши от Мене, да не когда премолчиши от Мене, и уподоблюся низходящим в ров (Пс.27:1) [и проч.,] сказанное мною в остальных других различных псалмах, в которых я возношу к Тебе моление, чтобы стать достойным нынешней помощи. Ибо если и случится подвижатися ногам моим в то время, когда сердце мое смятеся, остави мя сила моя, и свет очию моею, и той несть со мною, но не полностью я был уничтожен и в падение сие не впал, в котором оказались отступники. Поскольку же в это время, в которое случилось подвижатися ногам моим, и враги мои на мя велеречеваша, и чтобы они не одержали еще больше верх надо мной, я убежал к Тебе, словно в спасительную гавань, могущему исцелить и неисцельные человеческие страсти».

7. (18–19) *Яко аз на раны готов, и болезнь моя предо мною есть выну. Яко беззаконие мое аз возвещу, и попекуся о гресе моем.* В самом начале он говорил: *Господи, да не яростию Твоею обличиши мене*, а теперь: *Яко аз на раны готов.* Вначале умолял избежать гнева и ярости, а теперь, будучи готов потерпеть раны в наказание, говорит, зная, что *Господь, кого любит, того наказывает; бьет же всякого сына, которого принимает* (Притч.3:12; Евр.12:6). Поэтому и переносит он с благородством удары несчастий, следующих одно за другим, случившихся с ним после совершённого греха, повествование о чем содержится в Книге Царств. *И болезнь моя предо мною есть выну.* Многие предают забвению свои прежние согрешения, питая к ним безразличие и презрение, не считая, что за них последует в будущем какое-либо наказание; этот же имеет всегда пред очами своими Суд Божий, и убежден, что *всем нам должно явиться пред судилище Христово, чтобы каждому получить соответственно тому, что он делал, живя в теле, доброе или худое* (2Кор.5:10). И восставлял он себя всегда на внутреннюю борьбу, заботясь об исцелении болезни в собственной душе и сам себя осуждая в этом исповедании Богу. Поэтому и говорит: *и болезнь моя предо мною есть выну. Яко беззаконие мое аз возвещу, и попекуся о гресе моем.* Такие слова суть свидетели души верующей и крепко убежденной в Божием Суде. (20–23) *Врази же мои живут, и укрепишася паче мене, и умножися ненавидящии мя без правды. Воздающии ми злая воз благая, оболгаху мя, зане гонях благостыню. Не остави мене, Господи Боже мой, не отступи от Мене. Вонми в помощь мою, Господи спасения моего.* Вспомнив всех своих врагов, увлекавших его ко греху, он просит Господа не оставить его. Он и теперь видит врагов, стоящих вокруг него и приступающих к нему и не удовлетворившихся первым

нападением на него. Поэтому тревожась о том, как бы они не напали на него второй раз, он, сильно бодрствуя, говорит: Врази же мои живут. Ибо они не умерли и не перестали вдруг действовать, поэтому и написано: Прежде смерти не блажи ни когоже (Сир.11:28). Но не только живут, но и укрепишася паче мене, умножися ненавидящи мя без правды. Воздающии мене злая возблагая, которые не перестали клеветать на меня и теперь, даже когда я следую добрым и спасительным путем, завидуя моему спасению. Поэтому я умоляю и прошу: «Не остави мене, Господи, поскольку сам я в одиночку не смог бы выстоять. Ты же, Боже мой, не отступи от Мене, но будь мне Помощником и Защитником моего спасения».

БЕСЕДА НА ПСАЛОМ 44-Й

(1) *«В конец, о изменяемых*[55] *сыном Кореовым в разум, песнь о возлюбленнем»*. Кажется, что и сей псалом ведет к усовершенствованию человеческой природы и тем, которые вознамерились жить добродетельно, доставляет пользу для сей предположенной цели. Ибо для преуспевающих нужно учение об усовершенствовании, какое предлагает сей псалом, имеющий надписание: *«в конец, о изменяемых»*, где подразумевается – о людях, потому что мы из всех разумных существ наиболее подлежим ежедневным и почти ежечасным изменениям и превращениям.

Мы не бываем тождественны сами с собою ни по телу, ни по душевному расположению. Напротив того, тело наше непрестанно течет и рассеивается, находится в постоянном движении и превращении, то возрастая из малого в большее, то сокращаясь из совершенного в недостаточное. Ибо не одно и то же с новорожденным младенцем отрок, который ходит в училище и способен понимать искусства и науки. И опять, бесспорно, иное с отроком – подрастающий юноша, который уже в силах приниматься за дела отважные. И от юноши отличается муж крепостью и величиною тела и полнотою разума. И опять, пришедший в зрелость и достигший постоянного возраста начинает мало-помалу чувствовать лишения; телесная бодрость незаметно у него оскудевает, телесные силы слабеют, пока согбенный старостью не дойдет он до последнего упадка сил.

Так, мы изменяемы, а потому псалом сим словом премудро делает намек на нас, человеков. Ибо Ангелы не терпят изменения. Нет между ними ни отрока, ни юноши, ни старца, но в каком состоянии сотворены вначале, в том они остаются, и состав их сохраняется чистым и неизменяемым. А мы изменяемся и по телу, как уже сказано, а также и по душе и по внутреннему человеку, переменяя свои мысли вместе с предметами, непрестанно нам встречающимися. И мы одни, когда благоденствуем, когда все в жизни идет у нас удачно, иные – в обстоятельствах затруднительных, когда встречаем что-нибудь вопреки своему желанию. Мы изменяемся и от гнева, принимая на себя какой-то зверский вид, изменяемся и от вожделений, делаясь скотоподобными через сластолюбивую жизнь. *«Кони женонеистовни сотворишася»*, воспламененные страстью к жене ближнего (ср.: Иер. 5, 8). Коварный уподобляется *«лису»*, как Ирод (см.: Лк.13:32). А бесстыдный называется псом, как Навал Кармильский[56].

Видишь ли, как разнообразно и многовидно наше изменение? Подивись же Тому, Кто так прилично применил к нам сие наименование! Посему, как мне кажется, один из толковников[57] хорошо и удачно выразил ту же мысль другим названием, вместо: *«о изменяемых»*, сказав: «о лилиях». Скорое увядание цветов почел он приличным применить к бренности человеческого естества.

Но поскольку слово поставлено в будущем времени, ибо сказано: о тех, которые изменятся, как будто сие изменение произойдет с нами впоследствии, то посмотрим, не указывает ли оно нам на мысль о Воскресении, в котором дано будет нам изменение, и изменение в состояние лучшее и духовное? Ибо сказано: *«Сеется в тление, вос-*

тает в нетлении» (1Кор. 15, 42). Тогда изменится вместе с нами и вся чувственная тварь. Ибо и небеса *«яко риза обетшают, и яко одежду»* свиет их Бог, *«и изменятся»* (см.: Пс. 101, 27). Тогда, по слову Исаии, и солнце сделается в семь крат больше себя самого, а луна величиною, как ныне солнце (см.: Ис. 30, 26).

Поскольку же словеса Божии писаны не для всех, а только для тех, которые имеют уши по внутреннему человеку, то Пророк и надписал: *«о изменяемых»*, *«»как думаю, о тех, которые заботятся о себе самих и чрез упражнение в благочестии непрестанно более и более преуспевают. Ибо это есть прекраснейшее изменение, которое дарует нам десница Вышняго. Такое изменение сознавал в себе и блаженный Давид, когда, вкусив благ добродетели, простирался вперед. Ибо что говорит? *«И рех, ныне начах: сия измена десницы Вышняго»* (Пс. 76, 11).

Посему для преуспевающего в добродетели нет мгновения, в которое бы он не изменялся. Ибо сказано: *«Егда бех младенец, яко младенец глаголах, яко младенец мудрствовах, яко младенец смышлях: егда же бых муж, отвергох младенческая»* (1Кор. 13, 11). И опять, сделавшись мужем, не прекратил своей деятельности, но, *«задняя забывая, в предняя же простираяся, к намеренному»* тек, *«к почести вышняго звания»* (ср.: Флп.3:13–14). Посему и то – изменение, когда внутренний человек со дня на день обновляется.

Поскольку же Пророк хочет возвестить нам о *«Возлюбленнем»*, Который принял на Себя домостроительство воплощения для нас, достойных такой милости, то говорит, что песнь сия дана *«сыном Кореовым»*. Ибо это песнь, а не псалом, и потому была передана одним голосом и только стройным пением, без сопровождения звуками органа. *«Песнь»* же *«о Возлюбленнем»*. И толковать ли тебе, какого Возлюбленного разумеет слово? Или и прежде моих слов знаешь это, помня об упоминаемом в Евангелии гласе: *«Сей есть Сын Мой Возлюбленный, о Немже благоволих: Того послушайте»* (Мф. 17, 5)? Он возлюблен Отцом, как Единородный, возлюблен всею тварью, как человеколюбивый Отец и благий Предстатель. А возлюбленное и благое – в существе своем одно и то же. Посему некоторые хорошо определили, назвав благим то, чего все желают.

Но не всякий может достигнуть совершенства любви и познать истинно Возлюбленного, а только тот, кто совлекся уже *«ветхаго человека, тлеющаго в похотех прелестных»* (Еф. 4, 22), и облекся *«в новаго, обновляемаго в разум по образу Создавшаго»* (Кол.3:10). Кто любит деньги, воспламеняется тленною телесною красотою, предпочитает настоящую славу, тот, источив силу любви на что не следовало, делается слеп к созерцанию истинно Возлюбленного. Посему сказано: *«Возлюбиши Господа Бога твоего всем сердцем твоим, и всею душею твоею, и всем умом твоим»* (Мк.12:30).

Слово *«всем»* не допускает разделения любви на другие предметы. Ибо сколько истратишь любви на земные предметы, столько по необходимости недостанет у тебя в целом. Посему-то немногие из людей наименованы друзьями Божиими, как Моисей, о котором написано, что он друг Божий (см.: Исх. 33, 11), и как Иоанн. Ибо сказано: *«Друг Женихов, стоя... радостию радуется»* (Ин.3:29), то есть кто имеет твердую и непоколебимую любовь ко Христу, тот достоин Его дружбы. Посему и Господь уже достигшим совершенства ученикам говорит: *«Не ктому вас глаголю рабы, но други, яко раб не весть, что творит Господь его»* (ср.: Ин.15:15). Итак, совершенному возможно познать истинно Возлюбленного. И действительно, одни святые суть друзья Божии и друзья друг другу, а всякий порочный и невежда – не друг, потому что блага дружбы не совместны с худым расположением сердца. Ибо зло противоборственно не только добру, но и самому себе.

Но уже приступим к истолкованию пророческих слов.

(2) *«Отрыгну сердце мое слово благо»*. Иные полагали, что сие говорится от лица Отца о Слове, Которое было в начале у Отца и Которое, говорят они, Отец извел как бы из сердца, из самой утробы; и от благого сердца произошло *«Слово благо»*. А мне кажется, что слова сии относятся к лицу пророческому, потому что последующие слова не оправдывают сего толкования об Отце. Отец не мог бы сказать о Своем языке: *«Язык Мой трость книжника скорописца»*. (3) *«Красен добротою паче сынов человеческих»*. Потому что не сравнительно с человеками имеет он превосходство красоты.

И далее говорит: (8) *«Сего ради помаза Тя, Боже, Бог Твой, елеем радости»*. Не сказал: *«помазах»* Тя Бог Твой, но – *«помаза Тя»*, из чего видно, что иное есть лицо говорящее. Кто же это лицо, как не Пророк, ощутивший действие на него Духа Святаго? Он говорит: *«Отрыгну сердце мое слово благо»*. Отрыжка есть внутренний воздух, при переварении пищи из расторгшихся пузырьков поднимающийся вверх; и напитанный хлебом живым, сшедшим с небес и дающим жизнь миру, насыщенный всяким глаголом, исходящим из уст Божиих, то есть, по обыкновенному в Писании иносказанию, душа, напитанная священными учениями, дает отрыжку, сообразную пище. А как пища была словесная и добрая, то Пророк отрыгает *«слово благо»*. *«Благий человек от благаго сокровища»* сердца своего *«износит благая»* (Мф. 12, 35).

Будем и мы искать пищи в слове к насыщению душ своих (ибо сказано: *«праведный ядый»* насытит *«душу свою»* – Притч. 13, 26), чтобы сообразно с тем, что напитало нас, произносить нам не какое-либо слово, но *«слово благо»*. Человек лукавый, напитанный нечестивыми учениями, отрыгает из сердца слово лукавое. Не видишь ли, что отрыгают уста еретиков? Подлинно, нечто отвратительное и смрадное, изобличающее, как сильна и глубока болезнь сих несчастных! Ибо *«лукавый человек от лукаваго сокровища»* сердца своего *«износит лукавая»* (ср.: Лк.6:45). Посему, *«чешем слухом»* (ср.: 2Тим.4:3), не избирай себе таких учителей, которые могут произвести болезнь в твоей внутренности и сделать, что отрыгнешь слова лукавые, за которые будешь осужден в день Суда. Ибо сказано: *«От словес своих оправдишися и от словес своих осудишися»* (Мф. 12, 37).

«Глаголю аз дела моя Цареви». И сие изречение, конечно, ведет нас к мысли о лице пророческом. *«Глаголю аз дела моя Цареви»* – это значит: признаюсь пред Судиею и обнаружением собственных дел своих предварю Обвинителя. Ибо мы приняли такую заповедь: *«Глаголи ты беззакония твоя прежде, да оправдишися»* (Ис. 43, 26). *«Язык мой трость книжника скорописца»*. Как трость есть орудие письменности, когда опытная рука движет ею для начертания написуемого, так и язык праведника, когда Святый Дух им движет, погружаемый не в черниле, но в Духе Бога Живаго, на сердцах верующих написывает слова Вечной Жизни. Посему Дух Святый есть книжник, потому что премудр и всех научает, и *«скорописец»*, потому что быстро движение мысли. Пишет же в нас Дух помышления, *«не на скрижалех каменных, но на скрижалех сердца плотяных»* (2Кор. 3, 3). А по мере широты сердца Дух пишет на сердцах более или менее, по мере предуготовительной чистоты, пишет или для всех явственно, или неявственно. По скорости же написуемого целая уже вселенная наполнена благовестием.

Следующие же за сим слова, кажется мне, должно принять за начало особой речи и не связывать их с предыдущими, но приложить к последующим. Ибо слова: *«красен добротою»*, как думаю, чрез обращение говорящего сказаны ко Господу.

(3) *«Красен добротою паче сынов человеческих, излияся благодать во устнах Твоих»*. К этой мысли приводят нас Аквила и Симмах. Первый говорит: «Ты украшен красотою паче сынов человеческих»; а Симмах: «Ты прекрасен красотою паче сынов человеческих». Посему *«красным добротою»* Пророк называет Господа, приникнув в Его Божество, потому что воспевает не красоту Его плоти. Ибо *«видехом Его, и не имяще вида, ни доброты: но вид Его безчестен, умален паче всех сынов человеческих»* (Ис. 53, 2–3). Из сего явно, что Пророк, созерцая светозарность Господа и объятый ее сиянием, душевно уязвленный сею добротою, подвигся божественною любовью к мысленной красоте. А когда она явится душе человеческой, тогда все дотоле любимое окажется гнусным и презренным. Посему и Павел, когда увидел *«краснаго добротою, вменил вся уметы, да Христа приобрящет»* (ср.: Флп.3:8).

И хотя чуждые слову истины проповедь евангельскую называют юродством, уничтожая за простоту речи в Писании, но мы, которые хвалимся крестом Христовым, которым открыто Духом, *«яже от Бога дарованная нам... не в наученых человеческия премудрости словесех»* (1Кор. 2, 12–13), мы знаем, что в учении о Христе излилось на нас от Бога богатство благодати. Посему-то в короткое время проповедь обтекла почти целую вселенную, ибо обильная и щедрая благодать излита на проповедников Евангелия, которых Писание наименовало и *«устнами»* Христовыми. Посему-то проповедь евангельская в своих, презираемых иными, речениях заключает много убедительного и влекущего ко спасению. И всякая душа препобеждается непреложными догматами, будучи утверждаема благодатью в непоколебимой вере во Христа. Посему и говорит Апостол: *«Имже приях благодать и апостольство в послушание веры»* (Рим.1:5). И еще: *«паче всех их потрудихся: не аз же, но благодать Божия, яже со мною»* (1Кор. 15, 10).

«Излияся благодать во устнах Твоих: сего ради благослови Тя Бог во век». В Евангелии написано, что *«дивляхуся о словесех благодати, исходящих из уст Его»* (Лк.4:22). Посему псалом, чтобы яснее представить множество благодати в словах Господа нашего, выразительно говорит: *«излияся благодать во устнах Твоих»*. По неистощимости благодати в слове *«благослови Тя»*, сказано, *«Бог во век»*. Очевидно, что сие должно относить к человечеству, так как оно преуспевает *«премудростию и возрастом и благодатию»* (Лк.2:52). Относительно к одному человечеству разумеем, что благодать дана Ему как награда за Его доблести.

Подобное сему выражается в словах: (8) *«Возлюбил еси правду, и возненавидел еси беззаконие: сего ради помаза Тя, Боже, Бог Твой елеем радости паче причастник Твоих»*. Близко к сему и написанное Павлом к Филиппийцам: *«Смирил Себе, послушлив быв даже до смерти, смерти же крестныя»*. *«Темже и Бог Его превознесе»* (Флп.2:8–9). Из сего видно, что сие говорится о Спасителе как о человеке. Или, поскольку Церковь – Тело Господне и Господь – Глава Церкви, и как служители небесного слова, по сказанному выше, суть *«устне»* Христовы (например, Павел имел глаголющего в себе Христа – см.: 2Кор. 13, 3, – а то же имеет и всякий, подобный Павлу по добродетели), так и все мы, верующие, каждый сам по себе составляем прочие члены тела Христова, то не погрешит, кто благословение, данное Церкви, отнесет к Самому Господу. Посему слова: *«благослови Тя Бог»*, значат: члены Твои и Тело Твое исполнил Бог Своими благами во век, то есть до бесконечности.

(4) «Препояши меч Твой по бедре Твоей, Сильне»,

(5) «Красотою Твоею и добротою Твоею». Думаем, что сие в переносном смысле относится к живому Слову Божию, чтобы Оно соединилось с плотью, к Слову, Которое «действенно и острейше паче всякаго меча обоюду остра, и проходящее даже до разделения души же и духа, членов же и мозгов, и судительно помышлением и мыслем сердечным» (*Евр. 4, 12*). Ибо бедро есть символ родотворной силы. Сказано: сии души, «яже изыдоша из чресл» *Иакова (ср.: Быт. 46, 26)*.

Посему Господь наш Иисус Христос, как есть жизнь, путь, хлеб, виноградная лоза, истинный свет и именуется другими многими именами, так есть и меч, который отсекает страстную часть души и убивает похотливые движения. Потом, поскольку Бог Слово имел вступить в соединение с немощью плоти, то весьма кстати присовокуплено: *«Сильне»*. Ибо это – величайшее доказательство силы, что Бог возмог быть в человеческом естестве. Силу Слова Бога не только доказывает создание неба, земли, моря, воздуха, произведение величайших стихий, и все, что ни представим премирного и преисподнего, сколько домостроительство вочеловечивания и снисхождение к уничиженному и немощному человечеству.

«Красотою Твоею и добротою Твоею». Красота отлична от добро́ты. Красивым называется, что в свое время пришло в полную свою зрелость. Так, прекрасна пшеница, когда поспела для жатвы. Прекрасен плод виноградный, когда он с течением годовых времен, переварив в себе соки, достиг совершенства и стал годен к наслаждению. А добро́та есть стройность в сложении членов, производящая собою привлекательность. *«Препояши*

меч *Твой по бедре Твоей, Сильне, красотою Твоею»*, то есть при исполнении времен, *«и добротою Твоею»*, то есть созерцаемым и умопредставляемым Божеством. Ибо Оно действительно есть *«доброта»*, превышающая все разумение человеческое и все силы человеческие и созерцаемая одним умом. Познали *«доброту»* Его ученики Его, которым Он наедине разрешал притчи. Видели *«доброту»* Его Петр и сыны громовы на горе, видели *«доброту»*, которая была светлее светлости солнечной, и удостоились узреть очами предначатие славного Его пришествия.

«И наляцы, и успевай, и царствуй». То есть, начав попечение свое о человеках воплощением, соделай сие попечение усильным, непрерывным и неослабным. Это проложит путь и доставит успех проповеди и всех покорит Твоему Царству. Да не удивляет же нас, что говорится повелительно: *«успевай»*, по обыкновению Писания, которое всегда так выражает желания. *«Да будет воля Твоя»*, вместо «буди». *«Да приидет царствие Твое»*, вместо «прииди».

«Истины ради и кротости, и правды: и наставит Тя дивно десница Твоя». Опять слово употребляет подобный прежнему оборот речи, будто бы это, то есть успевать и царствовать, Господь приемлет в награду за истину и кротость и правду. Должно же разуметь сие так: поскольку у людей все превращено ложью, то чтобы посеять истину, царствуй над человеками, над которыми царствует грех, ибо Ты – Истина. *«Кротости ради»* – чтобы Твоим примером все были приведены к справедливости и благости. Посему-то Господь сказал: *«Научитеся от Мене, яко кроток есмь и смирен сердцем»* (Мф. 11, 29). Доказательство же кротости представил в Своих делах: укоряемый – молчал, ударяемый – терпел. *«И наставит Тя дивно десница Твоя»*; не столп облачный, не огненное

озарение, но собственная десница Твоя будет Твоим путеводством.

(6) *«Стрелы Твоя изощрены, Сильне»*. Изощренные стрелы Сильного – это меткие слова, которые, достигая сердца слушателей, поражают и уязвляют чувствительные души. Ибо сказано: *«Словеса мудрых якоже остны воловии»* (Еккл.12:11). Посему и псалмопевец, молясь некогда об избавлении его от современных коварных людей, в уврачевание *«языка льстива»* просит *«изощренных стрел Сильнаго»*. Но просит также и «углей пустынных» (ср.: Пс. 119, 3, 4), чтобы, кого по окаменению сердца не касаются стрелы слова, для тех готово было мучение, которое и назвал «углями пустынными». Для тех, которые сами себя лишили Бога, необходимо приготовление пустынных углей.

Ныне же *«стрелы Твоя изощрены»*. Сими стрелами уязвляются души, восприявшие веру и расплавленные сильною любовью к Богу. Они говорят подобно невесте: *«уязвлена есмь любовию аз»* (Песн.2:5). Неисповедимая же и неизреченная доброта Слова – это красота премудрости и знак Божий в образе Его. Посему блаженны любозрители истинной доброты. Как привязанные к ней любовью и воспламеня в себе любовь небесную и блаженную, они забывают родных и друзей, забывают свой дом и имение, не помнят даже о телесной потребности есть и пить, но преданы единой и чистой любви.

Под изощренными стрелами можешь разуметь и посланных сеять Евангелие в целой вселенной; они по своей изощренности сияли делами правды и неощутительно проникали в души поучаемых. Сии-то стрелы, посланные повсюду, приуготовили народы к тому, что они пали к стопам Христовым. Но мне кажется, что с большею последовательностью мыслей восстановится речь чрез перестановку слов, так что выйдет следующий смысл: *«наляцы и успевай, и царствуй, и наставит Тя дивно десница Твоя, и людие под Тобою падут»*, потому что *«стрелы Твоя изощрены в сердцы враг Царевых»*. Ни один богоборец, и кичливый, и гордый, не падает ниц пред Богом, но падают те, которые приняли послушание веры. Стрелы же, падшие в сердца прежде бывших врагов Царевых, влекут их к желанию истины, влекут их ко Господу, чтобы бывшие врагами Богу примирились с Ним по научении.

(7) «Престол Твой, Боже, в век века: жезл правости, жезл Царствия Твоего».

(8) *«Возлюбил еси правду, и возненавидел еси беззаконие: сего ради помаза Тя, Боже, Бог Твой елеем радости паче причастник Твоих»*. Поскольку Пророк много уже говорил, обращаясь к человечеству во Христе, то возводит теперь слово свое на высоту славы Единородного. *«Престол Твой, Боже»*, говорит он, *«в век века»*, то есть Царство Твое за пределами веков и упреждает собою всякую мысль. И весьма кстати по покорении народов Пророк воспевает великолепие Царства Божия. *«Жезл правости, жезл Царствия Твоего»*. Для того Пророк и дал Ему собственное Его именование, ясно назвав Богом: *«престол Твой, Боже»*. Жезл Божий есть жезл вразумляющий. Но вразумляя, ведет за собою Суды Правые, а не уклоняющиеся от правды. Посему *«жезл Царствия»* Его называется *«жезлом правости»*. *«Аще оставят сынове Его закон Мой, и в судьбах Моих не пойдут... посещу жезлом беззакония их»* (Пс. 88, 31–33). Видишь ли Праведный Суд Божий? Не на всякого употребляется жезл, но только на грешников. Но жезл сей называется и жезлом утешения, ибо сказано: *«Жезл Твой и палица Твоя, та мя утешиста»* (Пс. 22, 4). Он называется также жезл сокрушения: *«Упасеши я жезлом железным, яко сосуды скудельничи сокрушиши я»* (Пс. 2, 9). Но перстное и брен-

ное сокрушается ко благу пасомых, так как предается *«во измождение плоти, да дух спасется»* (1Кор. 5, 5).

«Сего ради помаза Тя, Боже, Бог Твой елеем радости паче причастник Твоих». Поскольку прообразовательное помазание долженствовало указывать на то, что сами архиереи и цари служили также прообразованием, то плоть Господня была помазана истинным помазанием, сошествием на нее Святаго Духа, Который именуется *«елеем радости»*. Господь же помазан *«паче причастник Своих»*, то есть более всех людей, имеющих участие со Христом. Ибо им дается некоторое частное общение Духа: на Сына же Божия сошедший Дух Святый, как говорит Иоанн, *«пребысть на Нем»* (Ин.1:32). Прекрасно Дух именуется *«елеем радости»*. Ибо один из плодов, возвращаемых Духом Святым, есть радость.

Поскольку же слово о Спасителе у Пророка касается вместе и Божеского естества, и домостроительства вочеловечивания, то опять, обращая взоры на человечество Бога, говорит: *«Возлюбил еси правду, и возненавидел еси беззаконие»*, желая тем сказать: прочие люди трудами, подвигами, внимательностью достигают нередко расположения к добру и отвращения от зла, а в Тебе есть естественное сродство с добром и отчуждение от беззакония. Но и нам, если захотим, нетрудно приобрести любовь к правде и ненависть к беззаконию. Ибо на пользу разумной душе даровал Бог все способности, как способность любить, так и способность ненавидеть, чтобы, управляемые разумом, любили мы добродетель и ненавидели порок. Бывают же случаи, когда похвально оказывать ненависть. *«Не ненавидящия ли Тя, Господи, возненавидех, и о вразех Твоих истаях»*? *«Совершенною ненавистию возненавидех я»* (Пс. 138, 21–22).

(9) *«Смирна, и стакти, и касиа от риз Твоих, от тяжестей слоновых, из нихже возвеселиша Тя».*

(10) *«Дщери царей в чести Твоей»*. Пророческое слово, нисходя по порядку и описав предварительно дела домостроительства, при озарении Духа, открывающего Пророку сокровенное, доходит наконец до страданий. Сказано: *«смирна, и стакти, и касиа от риз Твоих»*. Что смирна есть символ погребения, научает нас евангелист Иоанн, сказывая, что Иосиф Аримафейский при погребении употребил смирну и алоэ (см.: Ин.19:39–40). А стакти есть тончайший вид смирны. При выжимании сего благовонного вещества что бывает в нем жидкого, отделяется в стакти, а что остается густого, называется смирною.

Посему и благоухание Христово благоухает, как смирна, по причине Его страданий и, как стакти, потому что Он не недвижим и не бездействен оставался в продолжение трех дней и трех ночей, но нисходил во ад ради домостроительства Воскресения, чтобы исполнить все, что Ему надлежало. Благоухает же касиею, потому что касия есть весьма тонкая и благовонная кора, облекающая собою древесный ствол. И можно думать, что пророческое слово именем касии глубокомысленно и премудро указало нам на крестное страдание, воспринятое в благодеяние всей твари. Посему видишь смирну по причине погребения, стакти – по причине сошествия во ад (ибо каждая ее капля стремится вниз) и касию по причине домостроительства, совершенного плотью на кресте.

По сей-то причине говорит Пророк: *«Возвеселиша Тя дщери царей в чести Твоей»*. Но какие же это дщери царей, как не благородные, великие и царственные души? Познав Христа по нисхождению Его к человечеству, они *«возвеселиша»* Его *«в чести»* Его, в истинной вере и совершенной любви, прославляя Его Божество. О благоуханиях же сих, то есть о приточном слове и об устроении учений, Пророк говорит, что они нескудны были на ризах Христовых, но разносились по всем зданиям. Ибо под *«тяжестями»* разумеет огромные дома, а тем, что они были построены из слоновой кости, как думаю, показывает богатство любви Христовой к миру.

«Предста царица одесную Тебе, в ризах позлащенных одеяна преиспещрена». Пророк говорит уже о Церкви, о которой узнаем из Песни песней (ср.: 6, 8), что *«едина есть совершенная голубица»* Христова, которая приемлет на десную страну Христову соделавшихся известными по своим добрым делам, отличая их от людей негодных, как пастырь отличает овец от козлищ.

Итак, предстоит царица, то есть душа, сочетанная с Женихом Словом, не обладаемая грехом, но соделавшаяся причастницею Царства Христова, предстоит одесную Спасителя в ризах позлащенных, то есть великолепно и священнолепно украшающая себя учениями духовными, сотканными и преиспещренными. Поскольку догматы – не одного рода, но различны и многообразны, объемлют собою учения естественные, нравственные и таинственные, то псалом говорит, что ризы невесты преиспещрены.

(11) *«Слыши, дщи, и виждь и приклони ухо твое, и забуди люди твоя и дом отца твоего»*.

(12) *«И возжелает Царь доброты твоея: зане Той есть Господь твой, и поклонятся Ему»*. Призывает Церковь к слышанию и исполнению заповедуемого, и, называя ее дщерью, сим наименованием вводит в свойство с Собою, как бы по любви присвояя ей право быть чадом. *«Слыши, дщи, и виждь»*. Слово *«виждь»* учит ее иметь ум, преобученный к созерцанию. Обозри тварь и, воспользовавшись порядком в ней видимым, восходи таким образом к созерцанию Творца. Потом, смиряя ей высокую выю гордыни, говорит: *«приклони ухо твое»*. Не

прибегай к языческим вымыслам, но приими смиренное слово в евангельском учении. *«Приклони ухо твое»* к преподаваемым в нем наставлениям, чтобы забыть те дурные обычаи и отеческие учения. Посему *«забуди люди твоя и дом отца твоего»*. Ибо всякий *«творяй грех от диавола есть»* (1Ин.3:8).

Отринь учения демонские, забудь жертвы, ночные ликовствования, басни, разжигающие на блудодеяния и на всякую нечистоту. Для того наименовал Я тебя Своею дочерью, чтобы ты возненавидела прежнего отца своего, который родил тебя на погибель. Если забвением сгладишь с себя пятна лукавых учений, то, возвратив себе собственную свою красоту, окажешься вожделенною для Жениха и Царя. *«Зане Той есть Господь твой, и поклонятся Ему»*. Словами: *«Той есть Господь твой»*, Пророк показывает необходимость повиновения. Поклонятся же Ему все твари. Ибо *«о имени»* Иисуса Христа *«всяко колено поклонится небесных и земных и преисподних»* (Флп.2:10).

(13) *«И дщи Тирова с дары: лицу твоему помолятся богатии людстии»*. Кажется, что в Хананейской стране идолопоклонству предавались с особенным усердием. А главный город Хананеи – Тир. Посему пророческое слово, склоняя Церковь к повиновению, говорит, что и *«дщи Тирова»* придет некогда с дарами. *«И лицу твоему богатии людстии»* поклонятся *«с дары»*. Не сказал: тебе поклонятся *«с дары»*, но – *«лицу твоему»*. Ибо не Церковь приемлет поклонение, но глава Церкви – Христос, Которого Писание наименовало Лицем.

(14) «Вся слава дщери Царевы внутрь: рясны златыми одеяна и преиспещрена».

(15) *«Приведутся Царю девы в след ея»*. Поскольку она очистилась от лукавства древних учений, повинуясь наставлению, забыв *«люди своя и дом отца своего»*, то

Дух Святый описывает ее качества. И поскольку видит сокровенную ее чистоту, говорит: *«вся слава Дщери Царевы»*, то есть Христовой невесты, которая чрез сыноположение стала уже *«дщерию»* Царю, *«внутрь»*. Псалом убеждает нас вступить во внутреннейшие тайны славы Церковной, потому что красота невесты есть внутренняя. Ибо кто благоукрашает себя для Отца, видящего *«в тайне»* (ср.: Мф. 6, 4), и молится, и все делает не напоказ людям, но чтобы только быть видимым единому Богу, то имеет всю славу *«внутрь»*, как и *«дщерь Царева»*. Посему и *«рясны златые»*, которыми она *«одеяна и преиспещрена»*, также *«внутрь»*.

Ничего не ищи в наружном золоте или в телесном преиспещрении, но представь себе одеяние, достойное украшать созданного по образу Творца, как говорит Апостол: *«Совлекшеся ветхаго человека... и облекшеся в новаго, обновляемаго в разум по образу Создавшаго»* (Кол.3:9–10). И кто облекся *«во утробы щедрот, благость, смиреномудрие, кротость и долготерпение»* (Кол.3:12), тот облечен внутренне, украшен по внутреннему человеку. И Господом Иисусом советует *«облещися»* Павел (ср.: Рим.13:14), не по внешнему человеку, но так, чтобы ум наш покрывало памятование о Боге. И думаю, что тогда изготовляется ткань духовной одежды, когда к назидательному слову присовокупляются и дела, с ним сообразные. Как, в основу вплетая уток, ткут одежду для тела, так, когда за предваряющим словом следуют сообразные с ним дела, уготовляется сим благолепная одежда душе, имеющей вполне и словом и делом добродетельную жизнь.

А рясны привешивают к одежде, и их должно понимать также в духовном смысле, почему и называются они златыми. Поскольку слово обширнее дела, то оно составляет как бы некие рясны, которые спущены вниз с ткани деятельности. За невестою же Господнею следуют некоторые души, не приявшие к себе семян чуждого учения, и они-то приведутся к Царю, сопровождая невесту. Да слышат же давшие Господу обет девства, что девы приведутся к Царю, но девы, которые близки к Церкви, следуют за нею, а не уклоняются от Церковного благочиния!

(16) *«Приведутся»* же девы *«в веселии и радовании, введутся в храм Царев»*. Не те, которые по принуждению соблюдали девство, не те, которые по скорби или по нужде вступили в честную жизнь, но которые *«в веселии и радовании»* услаждаются таковым преспеянием, *«те приведутся Царю, и введутся»* не в какое-нибудь обыкновенное место, но *«в храм Царев»*. Ибо сии священные сосуды, которых не осквернило человеческое употребление, будут внесены в святая святых, и дано им будет право иметь доступ в само святилище, которого не будут попирать ноги нечистые. А как важно быть введенным *«в храм Царев»*, показывает Пророк, когда молится о себе и говорит: *«Едино просих от Господа, то взыщу: еже жити ми в дому Господни вся дни живота моего, зрети ми красоту Господню и посещати храм святый Его»* (Пс. 26, 4).

(17) *«Вместо отец твоих быша сынове твои: поставиши я князи по всей земли»*. Поскольку выше повелено забыть люди и дом отца, то теперь в награду за послушание *«вместо отец»* получает сыновей, и сыновей, украшенных такими достоинствами, что они поставляются князьями *«по всей земли»*. Кто же сии сыны Царевы? Это сыны Евангелия, которые возобладали всею землею. Ибо сказано: *«Во всю землю изыде вещание их»* (Рим.10:18). И сядут *«на двоюнадесяте престолу, судяще обеманадесяте коленома Израилевома»* (Мф. 19, 28).

А если под отцами невесты разумеет кто патриархов, то и в таком случае речь не мимо идет Апостолов. Ибо вместо патриархов родились у нее сыны во Христе, творящие дела Авраамовы, которые признаются равночестными патриархам, потому что совершили подобные им дела, за каковые и отцы удостоились великих почестей. Святые же суть князи всей земли по свойству с добродетелью, так как добродетель по самому существу своему дает первенство, как Иакову дала власть над Исавом. Ибо сказано: *«буди господин брату твоему»* (Быт. 27, 29). Посему те, которые соделались равночестными отцам и подвижничеством добродетели приобрели над всеми превосходство, суть сыны невесты Христовой и матерью своею поставляются *«князи по всей земли»*. Смотри же, как велика власть Царицы, – это власть рукополагать князей по всей земле.

(18) *«Помяну имя Твое во всяком роде и роде: сего ради людие исповедятся Тебе в век и во век века»*. В заключение всего речь предлагается как бы от лица самой Церкви: помяну *«имя Твое во всяком роде и роде»*. Какое же это поминовение Церкви? Это исповедание народов.

БЕСЕДА НА ПСАЛОМ 45-Й

(1) *«В конец, о сынех Кореовых, о тайных, псалом»*. Мне кажется, что сей псалом заключает в себе пророчество о событиях при кончине. Сию кончину зная, и Павел говорит: *«Таже кончина, егда предаст царство Богу и Отцу»* (1Кор. 15, 24). Или поскольку дела наши приводят нас к концу и каждое дело к концу, ему свойственному, доброе – к блаженству, а злое – к вечному осуждению (наставления же, преподанные Духом в сем псалме, послушных приводят к доброму концу), то по сей причине псалом надписан: *«в конец»*, то есть по отношению учений к блаженному концу человеческой жизни.

«О сынех Кореовых». И сей псалом сказан сынам Кореовым, которых Дух Святый не разделяет, потому что они как бы единодушно и единогласно, в совершенном согласии друг с другом произносили пророческие глаголы и ни один из них не пророчествовал ничего особенного пред прочими, но всем дано было равное пророческое дарование по причине равного у одного с другим расположения к добру. Псалом же сказывается о тайных, то есть о неизреченном и о сокровенном втайне. Разобрав же порознь речение псалма, узнаешь и сокровенный смысл слов и то, что не всякому можно простирать взор в Божественные тайны, а только способному соделаться таким стройным органом обетования, чтобы вместо псалтиря душа его приводилась в движение действием на нее Святаго Духа.

(2) *«Бог нам прибежище и сила, помощник в скорбех, обретших ны зело»*. Всякий человек имеет нужду в великой помощи, потому что по немощи, естественно в нем находящейся, с ним встречается много горестного и трудного. Посему, ища убежища от всех бедствий, как бы удаляясь в безопасное место или, по причине неприятельского нашествия, укрываясь на какой-то острой вершине горы, окруженной крепкою стеною прибегает он к Богу, только пребывание в Нем признавая для себя успокоением.

Но хотя все согласны в том, что прибежище наше в Боге, однако же враг вводит людей во многие заблуждения и затруднения при избрании спасителя. Ибо уловляет их в засаду, как неприятель, и уловленных опять обольщает мыслью прибегать к нему, как к хранителю, потому людям предстоит двоякое бедствие, или быть насильственно взятыми в плен, или погибнуть от обольщения. От сего неверные прибегают к демонам и идолам, утратив ведение истинного Бога по причине произведенной в них диаволом слитности понятий. Да и знающие Бога погрешают в различении вещей, поступая невежественно при прошении себе полезного, одного прося как блага, хотя то часто не служит им на пользу, и от другого уклоняясь как от зла, хотя это принесло бы им иногда и много пользы. Например, болен ли кто – избегая тягостей болезни, молится он о здоровье. Потерял ли деньги – скорбит об утрате. Но часто и болезнь полезна, когда она вразумит грешника, и здоровье вредно, когда пользующимся им послужит пособием ко греху. Так и деньги иным обратились средством к распутству, а нищета уцеломудрила многих, имевших худые стремления.

Итак, не избегай чего не должно и не прибегай к кому не должно. Но пусть будет у тебя одно избегаемое – грех и одно прибежище в несчастьях – Бог. Не полагайтесь на князей, не превозноситесь неверным богатством, не гордитесь телесною силой, не гонитесь за блеском человеческой славы. Ничто это не спасает, все это временно, все обманчиво; одно прибежище – Бог. *Проклят человек, иже надеется на человека»* (Иер. 17, 5) или на что-либо человеческое.

Итак, *«Бог нам прибежище и сила»*. Кто может сказать: *«Вся могу о укрепляющем мя Христе»* (Флп.4:13), для того Бог есть *«сила»*. Хотя многие говорят: *«Бог нам прибежище»*, и: *«Господи, прибежище был еси нам»* (Пс. 89, 2), но очень немногие говорят сие с таким же расположением, как и Пророк. Ибо немногие не оказывают удивления человеческому, но во всем зависят от Бога, Им дышат, в Нем имеют надежду и уверенность.

И сами дела обличают нас, когда в скорбях скорее прибегаем ко всему прочему, только не к Богу. Болеет у тебя дитя – ищешь ворожею или вешающего на шеи невинным младенцам пустые надписи, или, наконец, идешь ко врачу и за лекарствами, пренебрегши Того, Кто может спасти. Возмутил тебя сон – бежишь к снотолкователю. Устрашился ты врага – ищешь заступника в ком-нибудь из людей. Вообще при всякой нужде обличаешь сам себя, что на словах называешь Бога прибежищем, а на деле домогаешься помощи от бесполезного и суетного. Но праведнику истинная помощь – Бог. Как военачальник, имея храбрых воинов, всегда готов вспомоществовать изнемогшим, так и Бог – наш помощник и споборник всякого сражающегося против козней диавола – посылает служебных духов к требующим спасения.

Скорбь же обретает всякого праведника по причине избранной им жизни. Ибо уклоняющийся от пути широкого и просторного, идущий же путем скорбным и тесным *«обретается»* скорбями. Живо изобразил сию истину Пророк, сказав: *«В скорбех, обретших ны зело»*.

Как одушевленные животные, уловляют нас скорби, производя в нас терпение, чрез терпение же искусство, а чрез искусство – упование. Посему и Апостол говорит: *«Многими скорбьми подобает нам внити во Царствие Божие»* (Деян.14:22). И *«многи скорби праведным»* (Пс. 33, 20). Но кто мужественно и несмущенно претерпел искушение скорби, тот скажет: *«Во всех сих препобеждаем за Возлюбльшаго ны»* (Рим.8:37), и столько далек от того, чтобы отказываться от скорбей, страшиться их, что, напротив того, множество несчастий обращает в повод к похвальбе, говоря: *«не точию же, но и хвалимся в скорбех»* (Рим.5:3).

(3) *«Сего ради не убоимся, внегда смущается земля и прелагаются горы в сердца морская»*. Пророк показывает великую твердость упования на Христа. Хотя все станет в превратном виде, хотя смятенная земля перевернется, хотя горы, оставив свои основания, сдвинутся в средину моря, мы не убоимся, потому что Бога имеем прибежищем и силою, и помощником *«в скорбех, обретших ны зело»*. У кого сердце столь бесстрашно, у кого помыслы столь несмущенны, чтобы при таком замешательстве устремляться мыслью к Богу и, по упованию на Него, не поражаться ничем происходящим? А мы не выносим и человеческого гнева. Если бросается на нас или собака, или другой какой зверь, не к Богу, помощнику нашему в скорбях, возводим взоры, но приходя в ужас обращаемся к себе самим.

(4) *«Возшумеша и смятошася воды их»*. Пророк сказал о смятении души и преложении гор; теперь говорит и о колебании и превращении моря от падения гор в средину пучины. *«Возшумеша и смятошася воды их»*, очевидно, воды морские. Наибольшее возмущение в водах производят сами горы, не водруженные в море, но собственным своим колебанием производящие сильное волнение в

водах. Посему, когда земля придет в смятение, воды морские восшумят и закипят от самых глубин, горы начнут прелагаться и оставаться в великом смятении от преизбытка силы Господней; тогда, говорит Пророк, сердце наше бесстрашно, потому что имеет несомненную и твердую надежду на Бога.

«Смятошася горы крепостию Его». Можешь смысл сего изречения взять и в переносном значении, именуя горами тех, которые высоко думают о своем величии, а не знают крепости Божией, ставят себя выше Божия ведения и потом бывают побеждены посланниками Божиими, с силою и премудростью проповедующими слово премудрости, и, сознав свою нищету, устрашаются Господа и смиряются пред крепостью Его. Или, может быть, князи века сего и отцы гибнущей мудрости называются горами, приходящими в смятение от той крепости Христовой, какую Христос показал в крестном подвиге над имеющим державу смерти. Ибо, как мужественный подвижник, *«совлек»* и преоборол *«начала и власти, изведе в позор дерзновением»*, победив *«их»* на древе (Кол.2:15).

(5) *«Речная устремления веселят град Божий».* Морские воды, сильно возмущенные ветрами, *«возшумеша и смятошася»*, но *«речная устремления»*, протекающие без шума и безмолвно наводняющие достойных принятия, *«веселят град Божий»*. Праведник и ныне пьет воду живую, и обильнее испиет ее впоследствии, когда будет вписан в гражданство во граде Божием. Но ныне пьет он в зерцале и в гадании, по малому постижению Божественных умозрений, а тогда вдруг примет в себя полноводную реку, которая весь град Божий может наводнить весельем. Какая же это будет река Божия, как не Дух Святый, пребывающий по мере веры в достойных, уверовавших во Христа? Ибо Он говорит: *«Веруяй в Мя...*

реки от чрева его истекут» (Ин.7:38). И еще: если кто *«пиет от воды... юже Аз дам ему, будет в нем источник воды текущия в живот вечный»* (Ин.4:14).

Итак, сия река веселит всякий вообще град Божий, хотя или Церковь имеющих жительство на небесах, или всякую разумную тварь, от сил премирных до человеческих душ, надобно разуметь под именем града, веселящегося от излияния Святаго Духа. Ибо, по определению некоторых, город есть собрание живущих оседло и управляемых законом. Но такое же определение города приличествует и Горнему Иерусалиму, Небесному Граду. Ибо и там – собрание первородных, на небесах написанных, собрание живущих оседло по неподвижности пребывания святых, наконец, собрание, управляемое Небесным законом. Посему-то для человеческого естества невозможно познать порядок оного жительства и все украшения его. Это те самые, *«ихже око не виде, и ухо не слыша, и на сердце человеку не взыдоша, яже уготова Бог любящим Его»* (1Кор. 2, 9).

Кроме сего, знаем, что там тьмы Ангелов и *«торжество»* святых и *«Церкви первородных на небесех написанных»* (Евр. 12, 23). О сем граде говорит Давид: *«Преславная глаголашася о тебе, граде Божий»* (Пс. 86, 3). Бог сему граду дает обетование чрез Исаию: *«Положу тя в радость вечную, веселие родом родов»*; и не будет *«ни сокрушение, ни бедность в пределех твоих, но прозовется спасение забрала твоя»* (Ис. 60, 15, 18). Посему, возводя душевные очи достойно Горнего, ищи познаний о граде Божием. Но как представить в мыслях что-либо, достойное тамошнего блаженства, которое веселит река Божия, *«емуже художник и соделатель Бог»* (Евр. 11, 10)?

«Освятил есть селение Свое Вышний». Может быть, Пророк здесь разумеет богоносную плоть, освященную

единением с Богом, почему под селением Вышнего понимай явление Бога во плоти.

(6) *«Бог посреде его, и не подвижится: поможет ему Бог утро заутра»*. И поскольку Бог посреди града, то дарует ему непоколебимость, посылая ему помощь при первых восхождениях света. И Горнему ли Иерусалиму или дольней Церкви приличествует имя сего града, – *«освятил есть»* в нем *«селение Свое Вышний»*. И чрез сие-то селение, в котором вселился Бог, стал Он посреди града и даровал ему, да *«не подвижится»*. Бог же – *«посреде»* града, повсюду до пределов круга простирая равные лучи Своего промышления. Ибо чрез сие соблюдается Правда Божия, всем уделяющая благость в одинаковой мере.

«Поможет ему Бог утро заутра». У нас утро производит чувственное солнце, когда появляется на нашем горизонте, а утро в душе производит Солнце Правды, восхождением умного света производя день в приявшем Его. Ибо мы, человеки, во времена неведения были в ночи, но когда, расширив в себе владычественное в нас, воспримем в себя *«сияние славы»* (Евр. 1, 3) и озаримся вечным светом, тогда *«поможет ему Бог утро заутра»*. Когда соделаемся чадами света и *«нощь»* для нас *«прейде, а день приближися»* (ср.: Рим.13:12), тогда будем достойны и помощи Божией. Посему Бог помогает граду, собственным Своим восхождением и явлением производя для него утро. Ибо сказано: се человек, *«Восток имя Ему»* (ср.: Зах. 6, 12). Посему в ком по рассеянии тьмы неведения и лукавства воссияет умный свет, для того настанет утро. Поскольку же Свет пришел в мир, чтобы ходящий в Нем не спотыкался, то помощь Его доставляет утро. Или, может быть, поскольку воскресение было в глубокое утро, то *«утро заутра»* поможет граду Бог, одержавший победу над смертью утром, в третий день Воскресения.

(7) *«Смятошася язы́цы, уклонишася царствия: даде глас Свой Вышний, подвижеся земля».* Представь город, против которого злоумышляют ополчившиеся на него враги и между тем осаждают его многие народы и цари, скиптроносцы каждого из сих народов; потом представь военачальника, непобедимого по силе, который внезапно является на помощь городу, прекращает осаду, рассеивает сборище народов, обращает в бегство царей и производит сие единственно тем, что взывает к ним с силою, поражает сердца их крепостью голоса. Посему какое, вероятно, произойдет смятение гонимых народов и предавшихся бегству царей, какой смешанный крик и непрекращающийся шум будет слышаться во время их беспорядочного бегства! Все места наполняются бегущими от страха, отчего в городах и селах, где являются беглецы, начинается волнение. Пророк показывает, что такая же помощь подана граду Божию Спасителем, когда говорит: *«Смятошася язы́цы, уклонишися царствия: дадс глис Свой Вышний, подвижеся земля».*

(8) *«Господь сил с нами, заступник наш Бог Иаковль».* Пророк видел воплотившегося Бога, видел родившегося от Святыя Девы Еммануила, *«еже есть сказаемо: с нами Бог»* (Мф. 1, 23), и потому пророчески взывает: *«Господь сил с нами»*, показывая, что это Тот, Который являлся святым Пророкам и патриархам. Заступник наш, говорит, не иной Бог, отличный от Того, о Котором предали Пророки, но *«Бог Иаковль»*, сказавший служителю Своему в откровении: *«Аз есмь... Бог Авраамов и Бог Исааков и Бог Иаковль»* (Исх. 3, 6).

(9) *«Приидите и видите дела Божия, яже положи чудеса на земли»:*

(10) *«отъемля брани до конец земли».* Тех, которые далеки от слова истины, слово призывает приблизиться чрез познание, говоря: *«приидите и видите».* Ибо как

для телесных очей дальние расстояния делают неясным представление видимых предметов, а приближение смотрящих доставляет ясное познание видимого, так и при умственных созерцаниях не приблизившийся к Богу и не сделавшийся Ему присным посредством дел не может видеть дел Божиих чистыми очами ума. Посему сперва *«приидите»*, приблизьтесь, потом *«видите дела Божия»*, которые чудны и дивны и которыми, изумив народы, прежде враждебные и мятежные, привел их в тишину. *«Приидите чада, послушайте Мене»* (Пс. 33, 12); также: *«приидите вси труждающиися и обремененнии»* (ср.: Мф. 11, 28). Это голос Отца, с распростертыми объятиями призывающего к Себе дотоле упорствовавших. Посему кто внял призыванию, приблизился к Повелевающему, тот узрит все Умиротворившего крестом, *«аще земная, аще ли небесная»*.

«Лук сокрушит, и сломит оружие, и щиты сожжет огнем». Видишь ли миролюбие Господа сил, потому что с Ним невидимые силы Ангельских воинств? Видишь ли вместе мужество и человеколюбие Воеводы сил? Будучи Господом сил и имея все сонмы Ангельских воинств, Он не уязвляет ни одного из противников, никого не низлагает, никого не касается, но сокрушает лук и оружие, и щиты сожигает огнем. Сокрушает лук, чтобы с него не пускали уже разжженных стрел, ломает оружие, употребляемое в рукопашном бою, чтобы не могли получить ран те, на которых враг коварно нападает вблизи. *«И щиты сожжет огнем»*, лишая супостатов защиты и все обращая в благодеяние врагам.

(11) *«Упразднитеся и разумейте, яко Аз есмь Бог»*. Пока мы занимаемся предметами вне Бога, не можем вместить в себе познания о Боге. Ибо кто, заботясь о мирском и погрузившись в плотскую рассеянность, может внимать учению о Боге и иметь довольно тща-

тельности для столь важных умозрений? Не видишь ли, что слово, падшее в терние, бывает подавлено тернием (см.: Мф. 13, 22)? А терние – плотские удовольствия, богатство, слава, житейские заботы. Ищущий познания о Боге должен будет стать вне всего этого и, приведя себя в бездействие страсти, воспринимать познание о Боге. Ибо в душу, затесненную предварительно занявшими ее помыслами, как войдет понятие о Боге? Знал и фараон, что только праздному свойственно искать Бога, почему и укоряет Израиля: *«праздни, праздни есте»* и *«глаголете: Господу Богу нашему помолимся»* (ср.: Исх. 5, 17).

Но как хороша и полезна для предающегося праздности та праздность, которая производит в нем безмолвие, нужное для принятия спасительных учений, так худа праздность афинян, которые *«ни во чтоже ино упражняхуся, разве глаголати что или слышати новое»* (Деян.17:21). Сей праздности подражают некоторые и ныне, употребляя свободное время в жизни на изобретение какого-нибудь непрестанного нового учения. Такая праздность приятна нечистым и лукавым духам. Сказано: *«Егда нечистый дух изыдет от человека... речет: возвращуся в дом мой, отнюдуже изыдох». «И пришед обрящет»* дом оный *«празден и пометен»* (ср.: Мф. 12, 43–44). Посему праздность наша да не откроет входа противнику, а напротив того, не будем оставлять праздным внутренний наш дом, вселив в себя предварительно Христа Духом!

Пророк сперва даровал мир тем, которых дотоле обеспокоивали неприятели, потом говорит: *«упразднитесь»* от развлекающих вас врагов, чтобы в безмолвии созерцать вам учения истины. Посему и Господь говорит: *«Всяк, иже не отречется всего своего имения, не может быти Мой ученик»* (Лк.14:33). Итак, должно упраздниться от дел супружеских, чтобы заняться молитвою, упраздниться от попечений о богатстве, от пожелания земной славы, от наслаждения удовольствиями, от зависти и всякого злого дела против нашего ближнего, чтобы, когда душа наша в тишине и не возмущается никакою страстью, в ней, как в зеркале, было чисто и не омрачено Божие озарение.

«Вознесуся во языцех, вознесуся на земли». Очевидно, что Господь говорит сие о Своем страдании, как и в Евангелии написано: *«И Аз»*, когда *«вознесен буду... вся привлеку к Себе»* (ср.: Ин.12:33). *«И якоже Моисей вознесе змию в пустыни, тако подобает вознестися Сыну Человеческому»* на земле (ср.: Ин.3:14). Итак, поскольку Ему надлежало вознестись на кресте за язычников и приять вознесение за всю землю, то говорит: *«Вознесуся во языцех, вознесуся на земли»*.

(12) *«Господь сил с нами, заступник наш Бог Иаковль»*. Обрадованный Божиею помощью, Пророк дважды возгласил то же слово: *«Господь сил с нами»*, как наступающий и наскакивающий на врага, в совершенной доверенности к Спасителю душ наших, что при Его помощи ничего не постраждет. Ибо *«аще Бог по нас, кто на ны»* (Рим.8:31)? Даровавший победу Иакову и после борьбы Провозгласивший его Израилем – вот кто Заступник наш; Сам Он воинствует за нас. А мы да безмолвствуем, ибо *«Той есть мир наш, сотворивый обоя едино... да оба созиждет... во единаго новаго человека»* (Еф. 2, 14–15).

БЕСЕДА НА ПСАЛОМ 48-Й

(1) «*В конец, сыном Кореовым псалом*». И языческие мудрецы пускались в умозрения о конце человеческом, но они разошлись в понятии о сем. Одни утверждали, что этот конец есть знание, другие же – успешное действование, иные – разнообразное употребление жизни и тела, а другие, став скотоподобными, говорили, что этот конец есть удовольствие. Но, по нашему учению, конец, для которого все делаем и к которому стремимся, есть блаженная жизнь в Будущем Веке. И конец сей достигается, когда предоставляем над нами царствовать Богу. Лучше всего для разумной природы доселе ничего не изобретал еще разум. К такому концу побуждает нас и Апостол, говоря: «*Таже кончина, егда предаст Царство Богу и Отцу*» (1Кор. 15, 24). То же самое представляет и Софония в пророчестве, говоря от лица Божия: «*Суд Мой в сонмища языков еже прияти царей, еже излияти на ня гнев Мой... зане огнем рвения Моего поядена будет вся земля*». «*Яко тогда обращу к людем*» многим «*язык в род его, еже призывати всем имя Господне, работати Ему под игом единем*» (Соф. 3, 8–9).

Посему думаю, что и польза псалмов, имеющих такое надписание, возводится к сему же концу. Такому понятию не противоречат и те, которые сие надписание переводят: «на победу»[58], или «победная песнь»[59], или «победителю»[60]. Поскольку «*пожерта бысть смерть победою»* (1Кор. 15, 54) и истреблена Сказавшим: *«Аз победих мир»* (Ин.16:33), и поскольку все препобеждено Христом и о *«имени»* Его *«всяко колено поклонится небесных и земных и преисподних»* (Флп.2:10), то справедливо Дух Святый в победных песнях предвозвещает уготованное нам в будущем.

(2) «Услышите сия вси язы́цы, внушите вси живущии по вселенней»,

(3) *«земнороднии же и сынове человечестии, вкупе богат и убог»*. Весьма обширная нужна храмина для слушателей призывающему к слышанию псалма все народы и всех, наполняющих вселенную своими жилищами; а думаю, что он сею высокою проповедью к слушанию привлекает и созывает и земнородных и сынов человеческих, и богатых и убогих. Но какая же это стражба, столь возвышенная над целою землею, что с высоты ее можно видеть все народы и объять взором целую вселенную? Кто столь громогласный провозвестник, который возглашает внятно для столь многих вместе слухов? Где эта храмина, которая может вместить всех собирающихся? Как велик и сколь премудр сей учитель, который находит уроки достойные такого собрания? Потерпи немного, и узнаешь, что последующее достойно такого предвозвещения. Ибо собирающий и созывающий всех на проповедь есть Утешитель, Дух истины, Который спасаемых собирает чрез Пророков и Апостолов. И поскольку *«во всю землю изыде вещание их и в концы вселенныя глаголы их»* (Пс. 18, 5), то посему сказано: *«услышите вси язы́цы и вси живущии по вселенней»*.

Посему и Церковь собрана из всех состояний, дабы никто не оставался лишенным пользы. Ибо три четы званных, в которых заключается весь род человеческий: *«языцы и живущие по вселенней, земнородные и сыны человеческие, богатые и убогие»*. И действительно, кого Бог оставил вне проповеднической храмины? Чуждые веры наименованы языками, пребывающие в Церкви – обитателями вселенной, земнородные – это мудрствующие земное и преданные хотениям плоти, сыны человеческие – это прилагавшие некоторое старание и упражнявшие разум, ибо особенное свойство человека – разумность. Богатые и убогие сами собою показывают свое отличительное свойство: одни в избытке обладают необходимым, другие живут, нуждаясь в необходимом.

Поскольку же Врач душ *«не приидох призвати праведники, но грешники на покаяние»* (Мф. 9, 13), то в каждой чете прежде призываемыми поставил достойных осуждения. Ибо языки хуже живущих по вселенной, впрочем, предпочтены в призвании, чтобы находящиеся в худом состоянии прежде получили пользу от Врача. Опять, земнородные поставлены прежде сынов человеческих и богатые прежде бедных. Разряд отверженных, которым трудно спастись, призван прежде бедных. Ибо таково человеколюбие Врача – немощным первым подает Он помощь.

Но общение в призвании приводит вместе и к миру, так что и те, которые дотоле по образу жизни противны были друг другу, чрез собрание воедино приучаются ко взаимной любви. Да знает богатый, что он и бедный призваны равночестною проповедью. Сказано: *«вкупе богат и убог».* Оставь вне свое преимущество пред низшими и кичение богатством и потом уже входи в Церковь Божию. Посему и богатый не превозносись над убогим, и убогий не бойся могущества всем изобилующего, *«и сыны человеческие»,* не уничижайте земнородных, *«и земнородные»* опять не чуждайтесь сынов человеческих, *«и языки»* свыкнитесь с живущими по вселенной и *«живущие по вселенной»* с любовью примите *«чуждих от завет».*

(4) *«Уста моя возглаголют премудрость, и поучение сердца моего разум»*. Поскольку, по слову Апостола, *«сердцем веруется в правду, усты же исповедуется во спасение»* (Рим.10:10), а совокупное действование того и другого в сем деле предполагает совершенство, то пророческое слово сообъяло в себе то и другое – и действование уст и поучение сердца. Ибо если не запасено в сердце добра, то как изнесет устами сокровище не обладающий им втайне? Если имеющий доброе в сердце не возвещает о нем словом, то ему будет сказано: *«Премудрость сокровена и сокровище не явлено, кая польза есть во обоих»* (Сир. 20, 30)? Посему для пользы других *«уста моя»* да *«возглаголют премудрость»*, а для собственного моего преспеяния сердце да поучается разуму.

(5) *«Приклоню в притчу ухо мое, отверзу во псалтири гананиe61 мое»*. Еще Пророк говорит в похвалу своего лица, чтобы не были презрены слова его, как предлагаемые человеческим изобретением. Чему учит меня Дух, говорит он, то возвещаю вам, говорю не свое, не человеческое. Но поскольку я стал внимателен к *«гананиям»* Духа, втайне преподающего нам Божию Премудрость, то и открываю и привожу вам в ясность сие *«гананиe»*, но открываю не иначе, как псалтирем. А псалтирь есть музыкальное орудие, издающее звуки под лад сладкопению голосом. Посему словесный псалтирь тогда особенно отверзается, когда дела приводятся в согласие со словами. И тот есть духовный псалтирь, кто сотворил и научил (см.: Мф. 5, 19). Пророк в псалмах *«отверзает гананиe»*, собственным примером показывая возможность исполнить преподаваемое. Как не сознающий за собою в жизни ничего нестройного и несообразного, с уверенностью Пророк произносит следующие слова:

(6) *«Вскую боюся в день лют? Беззаконие пяты моея не62 обыдет мя»*. Днем лютым называет день Суда, о

котором сказано: *«День Господень грядет неисцельный»* (ср.: Ис. 13, 9) на все народы; в сей день, говорит Пророк, *«обыдут»* каждого *«совети»* его (ср.: Ос. 7, 2). И тогда-то, как не сделавши ничего беззаконного на пути жизни, не побоюсь дня лютого. Ибо следы грехов не окружат меня, *«не обыдут»* меня, в безмолвном обвинении возводя на меня обличение; потому что не восстанет против тебя иного обвинителя, кроме самих дел, из которых каждое явится в собственном своем виде: предстанут блуд, татьба, прелюбодеяние, напоминая и ночь, и образ грехопадения, и отличительное его свойство, и вообще предстанет всякий грех, принося с собою ясное напоминание свойственного ему признака. Итак, меня *«не обыдут»* следы грехов, потому что я *«приклонил в притчу ухо мое»* и *«отверз во псалтири ганание мое»*.

(7) *«Надеющиися на силу свою и о множестве богатства своего хвалящиися»*. У Пророка слово к лицам двоякого рода, к земнородным и к богатым. К одним обращает речь, низлагая их мнение о силе своей, а к другим, низлагая их превозношение избытком имения. Вы, говорит, *«надеющиися на силу свою»*, – это земнородные, которые уповают на телесную крепость и думают, что человеческая природа имеет достаточные силы совершенно выполнить человеческие желания. И вы, уповающие на неверное богатство, послушайте: вам нужна искупительная цена для изведения вашего на свободу, которую вы утратили, будучи побеждены насилием диавола, потому что диавол, взяв вас в рабство, не освободит от своего учительства, пока не пожелает обменять вас, побужденный к тому каким-нибудь достоценным выкупом. Посему предлагаемое в выкуп должно быть не однородно с порабощенными, но в большей мере превышать их цену, чтобы диавол добровольно освободил от рабства пленников. Поэтому брат не может вас выку-

пить. Ибо никакой человек не в силах убедить диавола, чтобы освободил от своей власти однажды ему подпадшего. Человек и за собственные грехи не может дать Богу умилостивительной жертвы. Как же возможет сделать это за другого?

А что же бы мог он приобрести в сем веке столько стоющее, чтобы оно служило достаточной заменой за душу, по природе драгоценную, потому что она создана по образу Творца своего? И какой труд настоящего века доставит душе человеческой достаточный запас к переходу в Век Будущий? Посему просто разумею слова сии так: хотя бы кто представлял себя весьма могущественным в сей жизни, обложен был множеством имения, псалом учит отложить гордое о себе мнение, *«смириться под крепкую руку Божию»* (ср.: 1Пет. 5, 6) и не надеяться на силу свою, не хвалиться множеством богатства.

Но можно и возвыситься несколько мыслью и под надеющимися на силу свою и хвалящимися множеством богатства разуметь душевные силы, потому что и сама душа не имеет достаточных сил к своему спасению. Хотя и совершен кто в сынах человеческих, но, не имея в себе Премудрости Божией, ни во что вменится. Хотя усвоил себе множество умозрений из мирской мудрости и собрал некоторое богатство ведения, но пусть услышит правду вполне, а именно, что всякая душа человеческая подклонилась под тяжкое иго рабства общему всех врагу и, утратив свободу, данную Творцом ее, отведена в плен грехом.

Но всякому пленнику для освобождения нужна цена искупления. Брат не может искупить брата своего, и каждый человек – сам себя, потому что искупающий собою другого должен быть гораздо превосходнее содержимого во власти и уже рабствующего. Но и вообще человек не имеет такой власти и пред Богом, чтобы умилостивлять

Его за грешника, потому что и сам повинен греху. *«Вси бо согрешиша, и лишени суть славы Божия, оправдаеми туне благодатию Его, избавлением, еже о Христе Иисусе»*, Господе нашем (Рим.3:23–24).

Посему

(8) «не даст Богу измены63 «за ся»

(9) *«и цену избавления души своея».* Итак, не брата ищи для своего искупления, но Богочеловека Иисуса Христа, Который един может дать Богу *«измену»* за всех нас, потому что Его *«предположи Бог очищение верою в крови Его»* (Рим.3:25). Моисей был брат израильтянам, однако же не мог искупить их. Как же искупит человек обыкновенный? Пророк говорит сперва утвердительно: *«брат не избавит»*, а потом с силою присовокупляет вопросительно: *«избавит ли человек»*? Моисей не освободил народ от греха, но только умолил Бога не карать за грех. Он и за себя не мог дать *«измены»*, когда впал в прегрешение, и после столь великих чудес и знамений, какие видел, произнес слово сомнения: *«Послушайте мене, непокоривии: еда из камене сего изведем вам воду»*? Почему и Господь за сие слово *«рече к Моисею и Аарону: понеже не веровасте»* Мне, *«освятити Мя пред сынми Израильтескими, сего ради не введете вы сонма сего в землю, юже дах им»* (Числ. 20, 10, 12). Посему *«не даст Богу измены за ся»*. Ибо что может человек найти столь ценное, чтобы дать в искупление души своей? Но нашлось одно равноценное всем вместе людям, что и дано в цену искупления души нашей, – это святая и многоценная Кровь Господа нашего Иисуса Христа, которую Он пролил за всех нас. Почему мы и *«куплени ценою»* (ср.: 1Кор. 6, 20).

Итак, если *«брат не избавит, избавит ли человек»*? Если человек не может избавить нас, то Искупивший нас – не человек. Посему, если Господь наш пожил с нами в подобии плоти греха, то не почитай Его за сие простым человеком, не признавая в Нем силы Божества. Он не имел нужды давать Богу *«измены за Ся»* и избавлять собственную душу, потому что *«греха не сотвори, ни обретеся лесть во устех Его»* (1Пет. 2, 22).

Итак, никто не может выкупить сам себя, пока не придет Возвращающий *«пленение людей»* (Пс. 13, 8), *«не сребром»*, не дарами, как написано у Исаии (см.: Ис. 52, 3), но Своею Кровию. Он нас, которые не братья Ему, но стали врагами чрез свои грехопадения, Он – не простой человек, но Бог – по даровании нам свободы нарицает и братьями Своими. Ибо сказано: *«Возвещу имя твое братии Моей»* (Евр. 2, 12). Посему Искупивший нас, если обратим мысль на Его естество, не брат нам и не человек. Если же возьмем во внимание благодатное Его снисхождение к нам, то и братьями нас называет, и нисходит к человечеству Тот, Кто *«не даст Богу измены за Ся»*, но даст *«измену»* за весь мир, ибо не имеет нужды в очищении, но Сам есть очищение. *«Таков бо нам подобаше Архиерей: преподобен, незлобив, безсквернен, отлучен от грешник и вышше небес бывый, Иже не имать по вся дни нужды, якоже первосвященницы, прежде о своих гресех жертвы приносити, потом же... о людских невежествиих»* (Евр. 7, 26–27; 9, 7).

Потом Пророк говорит: «И утрудися в век», (10) «и жив будет до конца».

Источная Жизнь, Сила, неутомимое Естество утруждался в сем веке, когда *«утруждся от пути, седяше на источнице»* (Ин.4:6).

Иже *«не узрит пагубы»*, (11) *«егда увидит премудрыя умирающия»*. Ибо Отец не даст *«преподобному»* Своему *«видети истления»* (ср.: Пс. 15, 10), когда будут умирать хвалящиеся упраздняемою мудростью. А если угодно разуметь сии слова и о праведных людях, то вспомни

Иова, который говорит: *«Человек рождается на труд»* (Иов.5:7), также Апостола: *«Паче всех их потрудихся»* (1Кор. 15, 10), и *«в трудех множае»* (2Кор. 11, 23). Итак, кто потрудился в веке сем, *«жив будет до конца»*. А кто живет в роскоши и во всяком распутстве, по изнеженности облекается *«в порфиру и виссон»*, веселится *«на вся дни светло»* (ср.: Лк.16:19) и избегает того, чтобы трудиться ради добродетели, тот не *«утрудился»* в сем веке и *«не будет жив»* в будущем, но издали станет взирать на жизнь, мучимый в пламени пещном.

Но кто выдержал тысячи подвигов ради добродетели и для приобретения ее с избытком испытал себя в трудах, тот *«жив будет до конца»*, как много потрудившийся в скорбях Лазарь, как преутружденный в борьбе с противником Иов. Ибо сказано: *«Тамо почиша претружденнии»* (Иов.3:17). Посему и Господь призывает к успокоению *«труждающихся и обремененных»* (ср.: Мф. 11, 28). Почему же трудящиеся в добрых делах называются обремененными? Потому что *«ходящии хождаху и плакахуся, метающе семена своя, грядуще же приидут радостию, вземлюще рукояти своя»* (Пс. 125, 6), полны плодов, которые возвращены им по мере посеянного. Посему обремененными называются те, которые, поскольку *«сеяли о благословении, о благословении и пожинают»* (ср.: 2Кор. 9, 6) и заготовляют себе с вечным веселием рукояти духовных плодов. Кто избавлен Богом, давшим за него *«измену»*, тот *«утрудился»* в веке сем, а потом *«жив будет до конца»*. Он и *«не узрит пагубы, егда увидит премудрыя умирающия»*. Кто путь тесный и многотрудный предпочел пути гладкому и спокойному, тот во время Божия посещения, когда не уверовавшие словесам Божиим и ходившие по желаниям суетного своего сердца отведены будут на вечную казнь, *«не узрит»* вечной *«пагубы»*, не прекращающегося злостраждания.

А мудрыми Пророк называет или сильных в хитрости, о которых говорит Иеремия, что *«мудри суть, еже творити злая, благо же творити не познаша»* (Иер. 4, 22), или разумеет под мудрыми и учеников *«князей века сего престающих»* (ср.: 1Кор. 2, 6), которые, *«глаголющеся быти мудри, объюродеша»* (Рим.1:22). Почему *«премудрость мира сего буйство у Бога есть»* (1Кор. 3, 19). И поскольку сия премудрость делает глупыми, то Бог говорит, что Он *«погубит премудрость премудрых и разум разумных отвергнет»* (ср.: 1Кор. 1, 19; Ис. 29, 14). Посему правдоподобия лжеименного ведения для убеждающихся в них служат причиною смерти. И таковой смерти *«не узрит»* искупленный Тем, Кто благоволил буйством проповеди спасти верующих.

«Вкупе безумен и несмыслен погибнут, и оставят чуждим богатство свое».(12) *«И гроби их жилища их во век: селения их в род и род, нарекоша имена своя на землях».* Выше псалмопевец назвал родовым именем – *«мудрыми»* и их же теперь подразделительно называет *«безумными»* и *«несмысленными».* И очевидно, что мудрыми их назвал, воспользовавшись именем, какое сами давали себе по самомнению. Как и богами называет тех, которые по природе не боги, следуя в этом обыкновению обольщенных, так и мудрыми назвал безумных и несмысленных.

Можно же различить по понятию безумного и несмысленного. Безумен, кто лишен благоразумия и не имеет проницательности в делах обыкновенных и человеческих. Так в общем употреблении называются благоразумными, которые в житейских делах различают полезное и вредное, почему и в Евангелии сказано: *«Яко сынове века сего мудрейши паче сынов света в роде своем суть»* (Лк.16:8). Ибо они не просто *«мудрейши»,* но только в том отношении, как проводят эту плотскую жизнь; они называются также *«строителями неправедными»* за благоразумие в устроении своей жизни. В том же значении мудры и змеи, которые устраивают себе норы и в опасных случаях всеми мерами избегают ударов в голову.

«Несмысленным» же называется тот, кто не имеет преимущественного в человеке. А это – познание Бога Отца, признание Слова, сущего в начале у Бога, и просвещение, подаваемое от Святаго Духа. Такой ум имеют те, которые могут сказать с Павлом: *«мы же ум Христов имамы»* (1Кор. 2, 16). Впрочем, по словоупотреблению Писания слова «безумный» и «несмысленный» заменяются одно другим: безбожного называет оно безумным, говоря: *«Рече безумен в сердце своем: несть Бог»* (Пс. 13, 1), и опять, вредное для жизни именует несмысленным, как Апостол выражается о впадающих *«в похоти многи несмысленны и вреждающия»* (1Тим.6:9). Таким образом, безумный и несмысленный стремятся к одному общему концу – к погибели.

Но может иной сказать, что безумным называется живущий по-язычески, а несмысленным – ограничивающий жизнь по-иудейски, одним хранением закона. Ибо такому безумному, по причине его безбожия, сказал Бог: *«Безумне, в сию нощь душу твою истяжут от Тебе»* (Лк.12:20). А плотский Израиль назван несмысленным у Пророка, который говорит: *«И бяше Ефрем яко голубь безумный»*[64]... *«Египта моляше, и во Ассирианы отыдоша»* (Ос. 7, 11). Посему, когда они все вообще сокрушались от собственного своего неведения, мы, чуждые, делаемся наследниками их богатства. Ибо наши стали заповеди, наши – Пророки, наши – патриархи, все от века жившие праведные; нам оставили богатство свое погибшие в безумии своем.

Их-то жилища, то есть безумного и несмысленного, суть *«гроби во век»*. У кого жизнь исполнена мертвых дел по причине всякого греха, у тех *«жилища – во век гроби»*. Кто стал мертв грехопадениями, тот живет не в доме, но в гробу, потому что душа его омертвела. В доме живет нехитрый нравом и простосердечный Иаков, о котором написано, что *«бысть человек нелукав»* и благ, *«живый в дому»* (ср.: Быт. 25, 27). А в гробу живет совершенно порочный, который не полагает и основания к обращению от мертвых дел, но уподобляется гробу *«поваплену»*, который наружностью привлекает взоры, *«внутрьуду же полн суть костей мертвых и всякия нечистоты»* (ср.: Мф. 23, 27). Посему, когда говорит такой человек, не слову Божию отверзает уста, но *«гроб отверст гортань»* его (Пс. 5, 10). Если кто, веруя во Христа, не являет дел, сообразных с верою, тот, как внимающий дурным учениям и худо постигающий намерение Писания, сам себе высекает гробницу в камне.

«Селения их в род и род», то есть *«гробы жилища их во век»*. Пророк, объясняя, какие разумеет гробы, и желая показать, что говорит о телах, в которых обитают души, омертвевшие от пороков, к слову *«гробы»* присовокупил: *«селения их в род и род»*, потому что тела человеческие всегда называются селениями. Они же нарекают и *«имена своя на землях»*. Ибо имя нечестивого не вписывается в книгу живых, не причисляется к Церкви первородных, изочтенных на небесах. Напротив того, имена их остаются на земле, потому что сию преходящую и маловременную жизнь предпочли они вечным селениям.

Не видишь ли, что иные строят в городах площади и дома для телесных упражнений, воздвигают стены, сооружают водопроводы и что имена их даются сим земным зданиям? А некоторые, положив клеймо своего имени на конских табунах, вздумали тем и по жизни надолго продлить о себе память и, чтобы в самих гробах показать пышность, на гробницах начертали свои имена.

Это те, которые мудрствуют земная и здешнюю славу, памятование людей почитают чем-то достаточным для своего блаженства. И если видишь, что иной гордится лжеименным ведением, присоединяется к последователям каких-нибудь негодных учений и вместо имени христианина называет себя по имени какого-нибудь ересеначальника, Маркиона или Валентина, или одного из возникших ныне, то знай, что и такие люди *«нарекоша имена своя на землях»*, причислив себя к людям растленным и совершенно земным.

(13) *«И человек в чести сый не разуме, приложися скотом несмысленным, и уподобися им».* (14) *«Сей путь их соблазн им, и по сих во устех своих благоволят».* «*Велика вещь человек, и драгая муж творяй милость»* (Притч. 20, 6); его драгоценность заключается в естественном устройстве. Ибо что иное на земле сотворено по образу Создателя? Кому иному даны начальство и власть над всеми тварями, живущими на суше, в водах и в воздухе? Немного ниже он ангельского чина, и то по причине соединения с земным телом. Но хотя Бог сотворил человека *«от земли»* (ср.: Быт. 2, 7), а *«слуги Своя огнь палящ»* (Евр. 1, 7), впрочем, и в человеках есть способность разумевать и познавать своего Творца и Зиждителя, ибо *«вдуну в лице»*, то есть вложил в человека нечто от собственной Своей благодати, чтобы человек по подобному познавал подобное.

Впрочем, в таковой *«чести сый»* и тем самым, что создан по образу Творца, почтенный паче неба, паче солнца, звездных сонмов (ибо какое небо называется образом Бога Вышняго? Какой образ Творца имеют в себе солнце или луна, или прочие звезды? Им даны тела неодушевленные и вещественные, хотя и прозрачные; у них нет ни разумения, ни произвольных движений, ни самовластной свободы; напротив того, они рабы надлежащей необходимости, по которой всегда неизменно вращаются около одного и того же); паче всего этого превознесенный честью человек *«не разуме»*, но, перестав подражать Богу и уподобляться Создателю, соделавшись рабом плотских страстей, *«приложися скотом несмысленным, и уподобися им»*. То как *«конь женонеистов ржет к жене искренняго своего»* (ср.: Иез.5:8), то как хищный волк устремляется на чужое (см.: Иер. 22, 27), а иногда чрез козни против брата своего в лукавстве уподобляется лисице (см.: Иез.13:4).

Но подлинно, это избыток несмысленности и скотского неразумия, если созданный по образу Творца не сознает первоначального своего устройства, не хочет уразуметь всего Божия о нем домостроительства и по оному заключать о собственном своем достоинстве и до того забывает все это, что, отвергнув образ Небесного, восприемлет образ перстного. И чтобы он не пребыл во грехе, ради него *«Слово плоть бысть и вселися в ны»* (Ин.1:14), и до того смирило Себя, что явило послушание Свое *«даже до смерти, смерти же крестныя»* (ср.: Флп.2:8). Если не помнишь первоначального своего происхождения, то составь понятие о своем достоинстве по возданной за тебя цене. Посмотри, что дано взамен тебе, и познай, чего ты стоишь. Ты куплен многоценною Кровию Христовою: не будь же рабом греха, уразумей себе цену, чтобы не уподобиться *«скотом несмысленным»*.

(14) *«Сей путь их соблазн им»*. Домостроитель наш Бог останавливает нас на пути порока, полагая нам претыкания и препятствия, чтобы мы, оставив неразумную жизнь, *«по сих во устех своих благоволили, сердцем»* веруя *«в правду, усты же»* исповедуя *«во спасение»* (Рим.10:10). Павел гнал и разорял Церковь Христову, продолжал идти путем лукавым, но *«по сих во устех*

своих благоволи», возвещая в сонмищах, *«яко сей есть Христос»* (Деян.9:22).

(15) *«Яко овцы во аде* положи⁶⁵, *смерть упасет я»*. Людей скотоподобных и приложившихся *«скотом несмысленным»*, как овец, не имеющих ни разумения, ни силы защитить себя, похищающий в плен, как враг, вверг уже в собственную свою ограду и пасти их поручил смерти, потому что смерть пасла человеков от Адама и во времена жительства по закону Моисееву, пока не пришел истинный Пастырь, Который положил душу Свою за овец и потом, воскресив их с Собою и изведя из темницы адской в утро Воскресения, предал пасти их *«правым»*, то есть святым Ангелам.

«И обладают ими правии заутра». Ибо к каждому из верных приставлен Ангел, достойный того, чтобы видеть Отца Небесного. Таким образом, *«правии обладают ими»* по освобождении их от самого горького рабства и *«обладают»* по достижении ими утра, то есть по пришествии их к Востоку света. Рассмотри всю связь употребленных в Писании речений. *«Человек в чести сый не разуме, приложися скотом несмысленным»*. Потом, когда он, соделав себя чуждым Божия Слова, стал бессловесным, враг, похитив его, как овцу, не имеющую пастыря, положил во аде и отдал пасти смерти. Посему избавленный из ада и освобожденный от лукавого пастыря говорит: *«Господь пасет мя»* (Пс. 22, 1), пасет не смерть, но жизнь, не падение, но востание, не ложь, но истина.

«И помощь их обетшает во аде». Пророк или говорит сие о смерти, которая при всех своих пособиях не могла удержать пасомых ею против Того, Кто низложил *«имущаго державу смерти»*. Все пособия их стали ветхи и бессильны. Тогда окажется ничтожною и помощь людей, прельщенных умом, которые высоко думают о своем богатстве и славе, и власти. *«Во аде обетшает»*,

когда обнаружится их бессилие. Или, может быть, помощь праведных, искупленных Господом, прострется до ада. Ибо они, *«не прияша обетования, Богу лучшее что о нас предзревшу, да не без нас совершенство приимут»* предварившие нас (Евр. 11, 39–40).

(16) *«Обаче Бог избавит душу мою из руки адовы, егда приемлет мя»*. Ясно пророчествует о сошествии во ад Господа, Который вместе с другими душами избавил и душу самого Пророка, чтобы она не оставалась во аде.

(17) *«Не убойся, егда разбогатеет человек или егда умножится слава дому его»*. *«Не убойся»*, говорит Пророк, *«егда разбогатеет человек»*. И сия проповедь необходима живущим по вселенной, земнородным и сынам человеческим, *«вкупе»* богатым и убогим. *«Не убойся, егда разбогатеет человек»*. Когда видишь, говорит Пророк, что неправедный богат, а праведный беден, не убойся сам в себе. Не смущайся мыслью, будто уже вовсе нет Божия Промысла, назирающего дела человеческие, или, хотя и есть Божий надзор, но он не простирается до мест надземных, чтобы проникать и в наши дела. А если бы Промысл уделял каждому что ему свойственно, то были бы богаты праведные, которые умеют пользоваться богатством, и бедны порочные, которые обращают богатство в орудие своей порочности.

Итак, поскольку между *«языками и земнородными»* многие думают подобным сему образом и из видимого неравенства в разделе житейских благ заключают, что мир оставлен без Промысла, то к ним обращает речь псалом, успокаивая невежественное волнение их мыслей, как и вначале их же призывал к слушанию наставлений. Или, может быть, Пророк простирает речь и к одному собственно лицу бедного, говоря: *«не убойся, егда разбогатеет человек»*. Ибо бедные имеют особенную нужду в утешении, чтобы не устрашиться сильных. Богатому, говорит Пророк, нет никакой пользы в богатстве, когда он умирает, потому что не может взять его с собою, и из наслаждения богатством получил он ту только выгоду, что душа его в сей жизни была ублажаема ласкателями.

(18) *«Внегда же умрети»*, говорит Пророк, *«не возмет»* всего этого изобилия, а едва возьмет одежду для прикрытия своего срама, и ту, если угодно будет слугам, снаряжающим его к погребению. Счастлив он, если получит в удел немного земли, которую из жалости дадут ему погребающие, и те сделают для него это из уважения к общему человеческому естеству, не ему принося дар, но оказывая честь человечеству. Посему не малодушествуй, смотря на настоящее, но ожидай той блаженной и нескончаемой жизни, ибо тогда увидишь, что праведнику служит во благо и нищета, и бесславие, и лишение наслаждений. И не смущайся, видя, что ныне мнимые блага разделяются как бы неправедно. Ибо услышишь, как будет сказано богатому: *«Восприял еси благая твоя в животе твоем»*, а бедному, что он принял *«злая»* в жизни своей, почему справедливо один *«утешается»*, а другой *«страждет»* (ср.: Лк.16:25).

(19) *«Исповестся Тебе, егда благосотвориши ему»*. О перстном человеке, который благами почитает одни преимущества сей жизни – богатство, здравие, могущество, – о нем говорит Пророк, что *«исповестся»* Богу, когда будет ему *«благосотворено»*, а в несчастьях изрыгнет он всякую хулу. Ибо Пророк, оставив бедного, обращает уже речь к Богу, в обвинение богатства включая и то, что богатый только в счастье благодарит Бога, а при горестных обстоятельствах не бывает благодарным. Подобно сему и диавол приводит в обвинение Иова, что не *«туне Иов чтит Господа»* (ср.: Иов.1:9), но имеет награду за благочестие – богатство и прочее. Почему для показания добродетели сего мужа Бог лишил его всего, что

он имел, чтобы из всего явствовала благодарность сего человека Богу.

(20) *«Внидеши*[66] *даже до рода отец его»*[67]. Думаю, что сие говорится о грешнике, который столько знает Бога, сколько предано ему обычаем отцов его, силою же собственного мышления ничего не приобретает и не присовокупляет в себе к познанию истины. Столько, говорит Пророк, приближаешься Ты, Боже, и такое в нем о Тебе понятие, какое было *«в роде отец его»*. И здесь Пророк изображает великую недеятельность разумения, совершенную оземленелость и плотолюбие человека, который погряз в богатстве и роскоши, имеет ум, подавленный житейскими заботами. Посему *«даже до века не узрит света»*. Ибо вверившиеся путеводительству слепых учителей сами себя лишили наслаждения светом.

Но слова: *«внидеши даже до рода отец его»*, имеют еще и другой смысл, а именно: Ты наказываешь не тех только, которые предаются порочной жизни и учениям, хотя отеческим, но чуждым благочестия, но подвергаешь взысканию и тех, которые были виновниками превратных учений. И сие значит сказанное: *«внидеши даже до рода отец его»*. Ибо виновен не только имеющий худые понятия о Боге, но и тот, кто довел других до сей погибели. А таковы те, которые наследовали грех предков и, утвердив его в себе давним обычаем, сделали неизгладимым. *«Даже до века не узрит света»*. Ибо препровождаются они *«во тму кромешнюю: ту будет плач и скрежет зубом»* (Мф. 8, 12), и подвергаются сему по Праведному Суду Божию, потому что в жизни сей ради худых своих дел ненавидели свет.

(21) «Человек в чести сый не разуме, приложися скотом несмысленным и уподобися им». Это голос сожалеющего. Человек, «малым чим умаленный от Ангел» *(ср.: Пс. 8, 6)*, о котором и Соломон говорит: «Велика вещь

человек, и драгая муж творяй милость» (*Притч. 20, 6*), сей человек, оттого что не сознал своего достоинства, но покорился плотским страстям, «приложися скотом несмысленным и уподобися им»!

БЕСЕДА НА ПСАЛОМ 59-Й

Когда смотрю на ваше усердие слушать и на немощь сил своих, приходит на мысль изображение уже подросшего младенца, который еще не отнят от груди и тревожит матерний сосец, иссушенный болезнью. Матерь знает, что у нее пересохли источники молока, но, привлекаемая и обеспокоенная младенцем, дает ему сосцы, не с намерением напитать его, но чтобы прекратить его плач. Так, хотя и мои силы иссушены долговременными и различными телесными недугами, однако ж готов предложить вам если не наслаждение значительное, то некоторое удовлетворение, потому что преизбыток вашей любви удовольствуется и тем, если одним моим гласом утолится ваше влечение ко мне. Посему да слышит мое вещание Церковь Божия и да научится говорить то, что недавно мы произносили: (13) *«Даждь нам помощь от скорби, и суетно спасение человеческо»*.

Таким образом, смысл псалма не позволяет, может быть, мне и отговариваться болезнью, если скорбь уготовляет помощь, а не предлогом служит к немощи. Итак, тем, которые отринуты были за грехи и потом опять приняты по человеколюбию Божию, прилично говорить: (3) *«Боже, отринул ны еси и низложил еси нас, разгневался еси, и ущедрил еси нас»*. Лучше же сказать, поскольку слово по естественному ходу мысли встретилось с разумеемым во псалме, то коснемся несколько его истолкования.

История предлагаемого псалма, буквально по его надписанию, доселе не отыскана ни в одном из богодухновенных сказаний. Впрочем, прилежные испытатели Писания найдут нечто сходное с сею историей во второй книге Царств, в которой написано: «И порази Давид Адраазара сына Раава царя Сувска, идущу ему поставити руку свою на реце Евфрате: и предвзя Давид от него тысящу колесниц и седмь тысящ конник и двадесять тысящ мужей пешцев, и разруши Давид вся колесницы, и остави себе от них сто колесниц» (2Цар. 8, 3–4). И немного ниже сего говорится: «И царствова Давид над всем Израилем, и бе Давид творяй суд и правду… и Иоав сын Саруин над воинствы» (2Цар.8:15-16). И немного далее: «И послаша сынове Аммони, и наяша Сирию Вефраамлю, и Сирию Сувску и Роовлю двадесять тысящ… мужей… И виде Иоав, яко бысть на него противное лице брани… и избра от всех юнош Израилевых, и устрои их противу Сириан… И видеша… раби Адраазаровы, яко падоша пред Израилем, и пребегоша ко Израилю и работаша им» (2Цар.10:6, 9, 19). С сею историческою выпискою находим согласным и надписание псалма, за исключением того, что временем сего «столпописания» означено то, в которое Давид сделался наиболее славен и знаменит своими воинскими доблестями.

Поэтому достойно исследования, почему он начинает сетованием и плачем, когда надлежало радоваться и благодушествовать по причине своих успехов, ибо иные речения приличны торжествующим, иные печальным. Победы же бывают поводом к всенародному торжеству не только для воинов, но и для земледельцев, купцов, ремесленников, для всех пользующихся благами мира.

Итак, почему же говорит: *«Боже, отринул ны еси и низложил еси нас»*, а между тем Бог соделал их победителями? Каким образом низложил тех, которых столько усилил, умножив у них оружие, колесницы, коней, подданных, сделав их данницею целую страну, всю Аравию, Финикию и Месопотамию? Любопытно узнать, не выражают ли слова сии какой-нибудь неблагодарности? Давид разбил сперва Адраазара, царя Сувского, взял у него тысячу колесниц, семь тысяч *«пешцев»*, потом поработил царя Сирийского, который помогал побежденному Адраазару, сделал его своим данником, в одно мгновение времени побил у него двадцать две тысячи, и третью одержал победу, когда сынов Аммоновых, ополчившихся *«пред враты града»*, победил его военачальник Иоав, который, разделив свои силы на две части, одних встретил спереди, а других одолел, зайдя в тыл. Как же среди таких доблестных подвигов выражается так печально и уныло, говоря: *«Боже, отринул ны еси и низложил еси нас, разгневался еси, и ущедрил еси нас»*?

Хотя временем сего *«столпописания»* было время успехов, однако же сила написанного относится к концу, а под концом разумеется, что приключится при скончании веков. Посему говорит, что псалом написан *«о изменитися хотящих»*. Вообще же можно разуметь о всем роде человеческом, так как польза псалма простирается на всех. Ибо изменяющиеся и *«изменитися хотящие»* суть те, которые ни тела не сохраняют в одинаковом состоянии, ни в расположении своем не бывают всегда тверды, но изменяются в теле с переменою возрастов и переменяют мысли, соображаясь с различными обстоятельствами. Ибо мы инаковы, когда еще дети, инаковы, когда уже юноши, иными делаемся, возмужав, и опять совершенно изменяемся, состарившись. А также мы инаковы при радостном состоянии дел и иными делаемся, находясь в горестном стечении обстоятельств; мы инаковы, когда больны, и инаковы, когда здоровы;

инаковы во время брачного торжества, инаковы во время сетования.

Или, поскольку не сказано: о изменяемых, но *«о изменитися хотящих»*, а сие речение имеет вид пророчества, потому что указывает на будущее время, то под «изменитися хотящими» приличнее разуметь тех, которые, оставив привычку отцов к суетному, будут соображать жизнь свою с евангельскою строгостью. Посему псалом написан не о тогдашних иудеях, но о нас, *«изменитися хотящих»*, о нас, которые многобожие обменивают на благочестие и идольское заблуждение – на познание Сотворившего нас, которые вместо беззаконного сластолюбия избирают законное целомудрие, и свирели, лики, пьянство заменяют псалмом, постом и молитвою. Итак, если кто скажет, что псалом сей написан о нас, тот не погрешит против истины. Почему и *«словеса Божия»* (Рим.3:3) суть наши, и в Церкви Божией, как богониспосланные дары, читаются при каждом собрании, составляя как бы некоторую духовную пищу, подаваемую от Духа.

Но псалом сей написан и в *«столпописание»*, то есть его не должно слушать небрежно. Не давай же словам псалма, напечатлев их в памяти на короткое время, потом сливаться и изглаждаться в уме твоем, как написанное на веществе скорогибнущем вскоре начинает исчезать, но храни их написанными в душе твоей, как на столпе, то есть неизменными, твердыми, навсегда укорененными в памяти.

А если иудей будет исключать нас, говоря, что псалом писан не о нас, то пристыдим его написанным в том же псалме, объяснив ему нераздельность призвания и то, как оно сводит далеких между собою, созывает дальних и многих делает едиными чрез веру во Христа. Сказано: (9) *«Мой есть Галаад, и Мой есть Манассий»*; и Ефрема наименовал, и Иуду присовокупил, и Моава причислил, грозит наступить на Идумею и вместе благовествует о покорности всех: (10) *«Мне иноплеменницы покоришася».*

«Боже, отринул ны еси». «Отринул еси» нас, которые удаляются от Тебя по мере грехов своих; *«низложил еси»* скопища нашего лукавства, благодетельствуя нам тем, что приводит нас в немощь; *«разгневался еси»,* когда *«бехом естеством чада гнева»* (Еф. 2, 3), *«упования не имуще и безбожни в мире»* (Еф. 2, 12); *«ущедрил еси нас»,* когда Единородного Твоего *«предположи»* Ты в жертву умилостивления за грехи наши (см.: Рим.3:25), чтобы в Крови Его нашли мы *«избавление»* (см.: Еф. 1, 7).

Но мы, облагодетельствованные Тобою, не познали бы сего, если бы (5) не *«напоил еси нас вином умиления».* Вином называется слово, которым ожесточенное сердце приводится в чувство.

(6) «Дал еси боящимся Тебе знамение, еже убежати от лица лука». Моисей на косяках дверей домов израильтян полагал в знамение кровь овчую, а Ты дал нам знамение – самую Кровь непорочного Агнца, закланного за грехи мира. И Иезекииль говорит, что дается «знамение на лица». Сказано: «Идите вслед его, изсецыте и не пощадите и не помилуйте: старца и юношу и деву, и младенцы и жены избийте в потребление: а ко всем, на нихже есть знамение, не прикасайтеся» *(ср.: Иез. 9, 4–6).*

(8) *«Бог возглагола во святем Своем: возрадуюся, и разделю Сикиму». «Сикима избранная»,* участок земли, данный Иаковом Иосифу (см.: Быт. 48, 22), прообразует Завет, который по видимости дан был одному Израилю. Сей-то *«избранный»* Завет, сие-то наследие народа, обращу в раздел и сделаю общим с прочими. А когда Завет будет разделен между всеми и польза сделается общею для всех облагодетельствованных Богом, тогда и *«юдоль жилищ размерится»,* то есть вся вселенная,

как по жребиям, разделена будет для селений на всяком месте. Тогда и далеких между собою приведет в соприкосновение Умиротворяющий *«аще земная, аще ли небесная»* (Кол.1:20), и *«средостение ограды разоривый сотворит обоя едино»* (ср.: Еф. 2, 14).

(9) *«Мой есть Галаад, и Мой есть Манассий»*. Галаад есть потомок Манассии (ср.: 1Пар. 7, 17). Сим показывается нисходящий от Бога последовательный ряд патриархов, *«от нихже Христос по плоти»* (ср.: Рим.9:5). *«И Ефрем заступление»* (Пс. 107, 9) *«главы Моея, Иуда царь Мой»*. Расторженные части соединяет единомыслием.

(10) *«Моав коноб упования»* или, как другой толковник говорит, «коноб омовения»[68], или «коноб беззаботности»[69], то есть человек отверженный, которому с угрозою сказано, что не взойдет в Церковь Господню, ибо *«не внидет Амманитин и Моавитин»* до третьего и *«до десятаго рода и даже до века»* (ср.: Втор. 23, 3). Впрочем, поскольку Крещение подает оставление грехов и должникам доставляет беззаботность, то Пророк, указывая на избавление и на усвоение Богу чрез Крещение, говорит: *«Моав»* есть «коноб омовения» или «коноб беззаботности». Итак, все *«иноплеменницы покоришася»*, подклонившись под иго Христово.

Посему-то и *«на Идумею налагает* (ср.: Пс. 107, 10) *сапог»* Свой. А сапог Божества есть богоносная плоть, чрез которую Оно снизошло к человекам.

В сей надежде, ублажая время пришествия Господня, Пророк говорит: (11) *«Кто введет мя во град ограждения»*? И может быть, разумеет Церковь, называя «градом», потому что она есть собрание вселяющихся законно, и «градом ограждения» по ограде веры. Почему один из толковников[70] весьма удачно перевел: «во град огражденный». Итак, кто мне даст видеть сие великое зрелище – Бога, пришедшего к человекам? На сие-то указывают слова Господа: *«Яко мнози пророцы и праведницы вожделеша видети, яже видите, и не видеша»* (Мф. 13, 17).

(13) *«Даждь нам помощь от скорби»*. Будем искать помощи не в крепости, не в благосостоянии плоти, пожелаем заступления не от кого-либо из почитаемых знатными у людей. Не множеством денег, не превосходством силы, не высотою славы приобретается победа, напротив того, из преизбытка скорби Господь подаст помощь взыщущим Его. Таков был и Павел, который скорби ставил себе в похвалу, почему мог говорить: *«Егда немощствую, тогда силен есмь»* (2Кор. 12, 10). *«Даждь»* и нам, Господи, помощь от скорби, ибо *«скорбь терпение соделовает, терпение же искусство, искусство же упование: упование же не посрамит»* (Рим.5:3–5). Видишь, куда возводит тебя скорбь? К непостыдному упованию! Болен ли ты – благодушествуй, потому что *«егоже любит Господь, наказует»* (Евр. 12, 6). Беден ли ты – веселись, потому что ожидают тебя Лазаревы блага. Терпишь ли бесчестие за имя Христово – ты блажен, потому что бесчестие твое обратится в ангельскую славу.

Убедим себя, братья, во время искушения прибегать не к человеческим надеждам и не здесь, на земле, искать себе помощи, но совершать моления со слезами и воздыханиями, с прилежною молитвою, с напряженным бдением, ибо тот получает помощь от скорби, кто человеческую помощь презирает, как суетную, и утверждается в надежде на могущего спасти нас, утверждается же о Христе Иисусе, Господе нашем, Которому слава и держава во веки веков. Аминь.

БЕСЕДА НА ПСАЛОМ 61-Й

(1) *«В конец, о Идифуме, псалом Давиду».* Два знаем псалма с надписанием: *«о Идифуме»*, тридцать восьмой и тот, который в руках. Думаю же, что сочинение псалмов принадлежит Давиду, а Идифуму переданы они для того, чтобы он пользовался ими при исцелении душевных страстей и чтобы пением их при народе как Бог прославлялся, так и слушащие сие стройное пение исправлялись в нравах. Ибо Идифум был священный псалмопевец, как свидетельствует нам история в книге Паралипоменон, говоря: *«И с ними Еман и Идифум и... трубы и кимвалы еже возглашати, и органы пений Божиих»* (1Пар. 16, 41–42). И немного ниже: *«И постави Давид Царь и князи силы над делы сыны Асафовы и Емани и Идифумовы, иже провещаваху в гуслех и псалтирех»* (1Пар. 25, 1).

Тот и другой псалмы преимущественно рассуждают о терпении, которым укрощается душевная раздражительность, а по истреблении всякого высокомерия усовершается смирение. Ибо трудно представить, чтобы человек, который не терпит быть ниже всех и последним, мог когда-нибудь или, укоряемый, удержаться от гнева, или во время скорби препобедить искушения долготерпением. А кто преуспел в высшем смирении, тот, слыша укоризны, поскольку сам себя сознает еще более достойным унижения, не смутится душой от того, что бесчестят его словами. Но если назовут его бедным, знает, что он действительно нищ во всем и скуден и всякий день имеет нужду в подаянии от Господа. Если назовут его человеком низкого происхождения и неизвестным в свете, у него давно запечатлено в сердце, что он создан из персти.

Посему-то псалмопевец в первом из сих псалмов говорит: *«Рех: сохраню пути моя»* (Пс. 38, 1), и изображает как злоумышление грешника, так собственное свое терпение. *«Внегда востати,* – говорит, – *грешному предо мною, онемех и смирихся, и умолчах от благ»* (Пс.38:2–3). Потом продолжает – *«обаче всяческая суета всяк человек живый»* (Пс.38:6). И далее – *«сокровищствует, и не весть, кому соберет я»* (Пс.38:7).

В настоящем же псалме начинает недоумением, как бы беседуя со своей душою и продолжая начатую прежде речь. Чтобы душа, покорившись мудрованию плоти, не предалась гневу и скорби, говорит он: для чего делаю рабою негодных страстей душу, которой Творец ее поручил управлять телом и телесными страстями? Посему должно владеть страстями, работать же Богу. Ибо невозможно, чтобы в душе царствовали грех и Бог, напротив того, должно над пороком брать верх и покоряться Владыке всяческих. Посему-то Пророк, обращая речь к тому, кто наводит на него искушения, возбуждает против него великое множество зол и высоту духа старается поработить и подчинить плоти, как бы в обличение суетности такого злоумышления говорит: что принуждаешь меня служить, кому я не обязан? У меня есть Владыка, я знаю истинного Царя.

(2) *«Не Богу ли повинется душа моя? От Того бо спасение мое»*. Пророк сказал причину заботливости о повиновении – именно ту, что спасение от Бога. Творцу свойственно заботиться о безопасности тварей сих. Или *«от Того спасение»*, то есть Давид пророчески предвидит грядущую благодать воплощения Господня, потому

говорит, что должно служить Богу и любить Его. Он предустроил столь великое благодеяние роду человеческому, что и *«Своего Сына не пощаде, но за нас всех предал есть»* (Рим.8:32). Ибо Писанию обыкновенно называть спасением Христа Божия, как и Симеон говорит: *«Ныне отпущаеши раба Твоего, Владыко... яко видесте очи мои спасение Твое»* (Лк.2:29–30).

Итак, *«повинемся»* Богу, потому что от Него спасение. А что такое спасение, Пророк толкует: это не простое действие, сообщающее нам некоторую благодать к избавлению от немощи и к благосостоянию тела. Но что же такое спасение?

(3) *«Ибо Той Бог мой и Спас мой, заступник мой, не подвижуся наипаче»*. Бог наш есть Сын Божий; Он и Спаситель рода человеческого, подкрепляющий немощь нашу, прекращающий волнение, производимое в душах наших искушениями. Не *«подвижуся наипаче»*. Псалмопевец, как человек, сознается в волнении. *«Наипаче»*. В душе человеческой невозможно не быть некоторому волнению от искушений. Пока погрешаем редко и не в важном, мы слегка только колеблемся, как растения, качаемые тихим ветром. Но когда худые наши дела делаются и многочисленнее и важнее, тогда по мере возрастающих грехов и волнение обыкновенно в нас усиливается. И одни приходят в колебание сверх меры, а другие доходят до того, что, вырванные с корнем, бывают низложены, когда дуновение порока сильнее всякой бури исторгает как бы корни души, на которых она утверждалась Божественною верою. Потому и я, говорит псалмопевец, колебался, как человек, но не поколеблюсь *«наипаче»*, потому что меня поддерживает десница Спасителя.

(4) *«Доколе належите на человека? Убиваете вси вы, яко стене преклонене и оплоту возриновену»*. Псалмопевец опять препирается с лукавыми служителями диаво-

ла, жалуясь на безмерность предприемлемых ими злых умыслов. Мы люди, слабые живые существа, а вы *«належите»* на нас, не довольствуясь первым нападением, но нападаете в другой и в третий раз, пока не низложите душу встретившегося вам, так что она будет подобна стене наклоненной и оплоту разрушенному. Стена, пока она стоит в прямом положении, бывает тверда, а когда наклонится, тогда необходимо ей разрушиться и упасть, ибо тяжелое тело односоставное и по наклонении может быть спрямлено, а тела, составленные из многих частей, как скоро сделается в них перевес на одну сторону, не допускают уже и возможности их спрямить.

Итак, псалом дает разуметь, что, поскольку природа человеческая, будучи сложною, преклонена грехом, то ей непременно должно разрушиться, чтобы по обновлении Художником, создавшим ее в начале, восприять безопасность, неразрушимость и неувлекаемость по чьему-либо злоумышлению в новое падение. Сказано: *«Божие тяжание, Божие здание есте»* (1Кор. 3, 9). Сие-то здание поколебал враг; Зиждитель исправил происшедшие в нем повреждения. А таким образом, хотя разрушение необходимо по причине греха, однако же велико воскресение по причине бессмертия.

(5) *«Обаче цену мою совещаша отринути, текоша в жажди: усты своими благословляху, и сердцем своим кленяху»*. Цена человека есть Кровь Христова. Ибо сказано: *«Ценою куплени есте: не будите раби человеком»* (1Кор. 7, 23). Сию-то цену умыслили сделать для нас бесплодною воители лукавого, снова вводя в рабство освобожденных однажды. *«Текоша в жажди»*. Пророк выражает жестокость злокозненности демонов – они устремляются на нас, жаждая нашей погибели. *«Усты своими благословляху, и сердцем своим кленяху»*. Многие одобряют худые дела: шутливого называют забав-

ным, сквернослова – знающим обхождение, чрезмерно взыскательного и гневливого именуют человеком, не заслуживающим презрения, скупого и необщительного хвалят за расчетливость, расточительного – за щедрость, блудника и распутного – за умение наслаждаться и за развязность, вообще всякий порок прикрашивают именем соприкосновенной добродетели. Такие люди устами благословляют, а сердцем клянут, потому что своими похвалами навлекают проклятие на жизнь хвалимых, подвергая их вечному осуждению за то самое, за что одобряют их.

Псалмопевец опять обращает речь к душе, чтобы усилить ее повиновение Богу. (6) *«Обаче»*, говорит он, *«Богови повинися, душе моя, яко от Того терпение мое»*. Сим показывает, как велики искушения, и говорит одно с Апостолом, что Бог *«не оставит»* нас *«искуситися паче, еже»* мы можем понести (ср.: 1Кор. 10, 13), *«яко от Того терпение мое»*.

(8) *«О Бозе спасение мое и слава моя: Бог помощи моея, и упование мое на Бога»*. Блажен, кто не восхищается никакою житейскою высотою, но Бога имеет славою своею, кто хвалится о Христе и может сказать с Апостолом: *«Мне же да не будет хвалитися, токмо о кресте»* Христове (Гал.6:14). Поныне многие хвалятся телом своим: таковы упражнявшиеся в борьбе или вообще цветущие свежестью возраста. Многие хвалятся мужеством на войне, почитая добродетелью даже убийство единоплеменников, потому что воинская доблесть и памятники, воздвигаемые полководцем и городами, соразмеряются с количеством убийств. Одни славятся сооружением городских стен, другие устройством водопроводов и постройкою больших зданий для упражнений в борьбе. Этот, иждивая свое богатство на борцов со зверями и восхищаясь суетными кликами толпы, надме-

вается похвалами и много о себе думает, поставляя славу в своем позоре и даже, в видных местах города написав на досках грех свой, выставляет его напоказ. Другой славится богатством, а иной – тем, что он сильный и непреоборимый вития или знаток в мирской мудрости. О славе всех таких людей надобно сожалеть, а ублажать тех, которые прославляют своею славою Бога. Если иной высоко ставит, что он служит при царе и почтен от него великою честью, то сколько же ты должен себе ставить в честь, что ты раб Великого Царя, призван Им в тесное общение, приял Дух обетования, чтобы, запечатлевшись Им, соделаться сыном Божиим.

Познав же на себе самом пользу искреннего упования на Бога, псалмопевец призывает и народ соревновать ему в этом, говоря: (9) *«Уповайте на Него весь сонм людей: излияйте пред Ним сердца ваша»*. Невозможно нам соделаться способными к приятию Божественной благодати, не изгнав из себя порочных страстей, какие овладели нашими душами. Я видал, что врачи не дают целебные лекарства, как прежде посредством рвоты очистив нутро от того болезнетворного вещества, которое невоздержные скопили в себе худым поведением. И в сосуд, который был занят какою-нибудь зловонною жидкостью, не вымыв, не наливают мира. Посему должно быть вылито помещавшееся прежде, чтобы могло вместиться вновь вливаемое.

(10) *«Обаче суетни сынове человечестии»*. Пророк знал, что не все следуют его увещанию, не все соглашаются надеяться на Бога, а напротив того, имеют надежду на суеты житейские. Посему говорит: *«Обаче суетни сынове человечестии, лживи сынове человечестии»*. Почему суетны? Потому что лживы. В чем же особенно изобличается их лживость? *«В мерилех еже неправдовати»*. О каких «мерилах» говорит Пророк? Разве всякий

человек стоит и вешает? Разве все – продавцы шерсти и мяса, торгуют золотом или серебром или вообще только и занимаются, что вещами, которые купцы обыкновенно продают на меру и на вес? Но много ремесленников всякого рода, которые не имеют нужды в весах для своей работы. Многие занимаются мореходством, многие обращаются около судебных дел и народоправления. И у них, правда, есть ложь, только обман делается не посредством весов.

Что же значит сказанное Пророком? То, что внутри каждого из нас есть некое мерило, устроенное Творцом нашим, с помощью которого можно различить природу вещей. *«Дах пред лицем твоим жизнь и смерть, благо и зло»* (Втор. 30, 15) – две вещи, по природе взаимопротивоположные. Взвешивай же их на собственном судилище твоем, вымеряй тщательно, что полезнее для тебя, избрать ли временное удовольствие и за него получить вечную смерть, или, избрав злострадание при упражнении в добродетели, употребить это средством к приобретению вечного наслаждения.

Итак, люди лживы, потому что в них растлилось судилище души. О них и Пророк жалея говорит: *«Горе глаголющим... тму свет, и свет тму»*, глаголющим *«горькое сладкое, и сладкое горькое»* (ср.: Ис. 5, 20). Передо мной, говорит псалмопевец, только настоящее, а будущее кто знает? Ты худо меряешь, когда предпочитаешь худое доброму, суетное ценишь дороже истинного, временное ставишь выше вечного, скоропроходящее удовольствие избираешь вместо нескончаемого и непрерывного веселья. Посему *«лживи сынове человечестии в мерилех еже неправдовати»*.

Неправду же делают они первоначально сами против себя, а потом и против ближних, потому что и сами себе худые советники в делах, и для других служат дурным примером. Тебе нельзя сказать в День Суда: я не знал добра; тебя обличают собственные твои весы, достаточные к разделению добра и зла. Телесные тяжести познаем по наклонению стрелки на весах, а что в жизни достойно предпочтения, то различаем свободным произволением души, и сие-то псалмопевец назвал «мерилом», потому что свобода равно может склоняться на ту и на другую сторону.

(11) *«Не уповайте на неправду, и на восхищение не желайте»*. Выше сказал: *«уповайте на Него весь сонм людей»*. Но видел медленность в повиновении и произнес: *«Обаче суетни сынове человечестии»*. Теперь опять запрещает уповать на неправду. Кто собранное неправдою богатство почитает для себя достаточным средством к силе и могуществу, тот подобен больному, который в самой сильной болезни поставляет свое здоровье. *«Не уповайте на неправду»*, она препятствует тебе во всяком деле. *«И на восхищение не желайте»*, – псалмопевец увещевает не быть похотливым на чужое.

«Богатство аще течет, не прилагайте сердца». Если видишь, что иной чрезмерно богат, не считай жизнь его блаженною. Если отовсюду и из неисчерпаемых источников текут к тебе деньги, не допускай до себя их обилия. *«Богатство аще течет»*... Подивись сему речению! Свойство богатства текучесть. Быстрее потока протекает оно мимо владеющих им и обыкновенно переменяет их одно за другим. Как река, стремящаяся с высоты, приближается к стоящим на берегу, но вдруг коснулась и в ту же минуту удалилась, так и выгоды богатства весьма быстро появляются и ускользают, имея обычай переходить от одного к другому. Это поле сегодня принадлежит одному, завтра будет принадлежать другому, а чрез некоторое время еще новому владельцу. Посмотри на дома в городе; сколько уже принимали они наименований со

времени своего существования, называясь по имени то одного, то другого владетеля! И золото, постоянно утекая из рук владеющего им, переходит к другому, а от другого к третьему. Скорее можешь удержать воду, сжатую в реке, нежели надолго сохранить у себя богатство. Посему прекрасно сказано: *«Богатство аще течет, не прилагайте сердца»*. Не пристращайся к нему душою своею, но извлекай из него пользу; не люби его чрезмерно и как одному из благ не дивись ему, но употребляй его в служение как орудие.

Потом псалмопевец ко всему сказанному присовокупляет изречение, не собственными своими словами, но как слышал его от Бога. Ибо говорит: (12) *«Единою глагола Бог, двоя сия слышах»*. И никто не смущайся, будто бы в сказанном есть странность, а именно, что Бог говорил однажды, а Пророк слышал это два раза. Ибо возможно однажды сказать так, чтобы в сказанном однажды заключалось многое. Один человек, встретившись с другим однажды, о многом переговорил с ним, и выслушавший его речи может сказать: однажды он говорил со мною, но насказал многое. Таков же смысл и теперь сказанного. Однажды мне было Божие явление, но два предмета, о которых говорил мне Бог. Пророк не сказал: об одном *«глагола Бог»*, но *«двоя сия слышах»*, в таком случае оказалось бы, что речь заключает в себе противоречие.

Итак, что же это за *«двоя»*, слышанные Пророком? *«Зане держава Божия»*, (13) *«и Твоя Господи милость»*. Я слышал, говорит Пророк, что Бог силен на Суде и что Он же милостив. Посему *«не уповайте на неправду, не прилагайтесь»* к богатству, не избирайте суеты, не носите с собою растленного судилища души. Зная, что крепок Владыка наш, бойтесь крепости Его и не отчаивайтесь в Его человеколюбии. Для того чтобы не делать неправды, хорош страх, а для того чтобы, поползнувшись однажды на грех, не вознерадеть о себе по безнадежности, хороша надежда на милость. Ибо «*держава Божия, и*» от Него же «*милость*».

«*Яко Ты воздаси комуждо по делом его*». Ибо «*мерою, еюже мерите, возмерится вам*» (Лк.6:38). Оскорбил ты брата? И себе ожидай равного. Грабил ты низших, бил бедных, срамил укоризнами, клеветал, лгал, посягал на чужое брачное ложе, нарушал клятву, «*прелагал пределы*» отцов (ср.: Притч. 22, 28), налагал руки на имущество сирот, оскорблял вдовиц, настоящее удовольствие предпочитал обетованным благам? Ожидай воздаяния за это. Ибо «*еже сеет*» каждый, «*тожде и пожнет*» (ср.: Гал.6:7). Впрочем, если и доброе что сделано тобою, то и за это ожидай многократно большего воздаяния. Во всю жизнь свою памятуя сие изречение, возможешь избежать многих грехов о Христе Иисусе Господе нашем, Которому слава и держава во веки веков. Аминь.

БЕСЕДА НА ПСАЛОМ 114-Й

Заранее заняв сию священную ограду мучеников и с половины ночи умилостивляя песнопениями Бога мучеников, вы терпели до сего полудня, ожидая моего пришествия. Посему вам, которые честь мучеников и служение Богу предпочитают сну и упокоению, награда готова. Но если и мне должно оправдывать себя в замедлении и в том, что надолго оставил вас, скажу на это причину. Все время настоящего дня употребил я на то, чтобы устроить другую, сей равночестную, Церковь Божию, отделенную от вас немалым расстоянием. Итак, поскольку Господь даровал мне и им служение исполнить, и вашу любовь не обмануть, то воздайте со мною благодарение Благодетелю, Который эту видимую немощь моего тела подкрепляет Своею невидимою силой. Но чтобы не огорчить вас, удерживая долго, кратко побеседую из псалма, который застал я вас поющими, и по мере сил своих напитав души ваши словом утешения, отпущу, чтобы каждый из вас занялся попечением о теле своем.

Что ж было препето вами? Следующее: (1) *Возлюбих, яко услышит Господь глас моления моего*. Не всякому можно сказать: *«возлюбих»*, а только тому, кто уже совершен, вышел из рабского страха и приял дух сыноположения. К слову *«возлюбих»* не присовокуплено, кого именно возлюбил, подразумевается же: Бога всяческих. Ибо достолюбезное в собственном смысле есть Бог, так как по определению то достолюбезное, чего все желают. А Бог есть благо, первое и совершеннейшее из благ.

Итак, возлюбил я Самого Бога и с радостью принял за Него страдания. Какие же то страдания, Пророк описывает несколько ниже: *«болезни смертныя, беды адовы, скорбь и болезнь»* – все это казалось ему достолюбезным по любви к Богу и по упованию того, что соблюдается понесшим страдания за благочестие. Не против воли, не насильственно и не принужденно вытерпел я подвиги, говорит Пророк, но с какою-то любовью и расположением переносил труды, почему могу сказать: *«Зане Тебе ради умерщвляемся весь день»* (Пс. 43, 23). И кажется, что сие равносильно апостольскому слову и сказано с тем же расположением, с каким и Апостол говорит: *«кто ны разлучит от любве Божия; скорбь ли, или теснота, или гонение, или глад, или нагота, или беда, или меч»* (Рим. 8:35)? Итак, *«возлюбих»* все сие, зная, что переношу беды за благочестие и имею зрителем и подвигоположником Владыку всяческих. *«Яко услышит Господь глас моления моего»*. Так и каждый из нас может исполнить трудное в заповедях, когда жизнь свою, как пред зрителем, открывает перед Богом всяческих.

(2) *«Яко приклони ухо Свое мне»*. Пророк сказал *«приклони»* не для того, чтобы составил ты какое-нибудь чувственное понятие о Боге, будто бы имеет Он уши и приклоняет их по причине тихого голоса, как делаем мы, приближая слух твой к говорящим слабо, чтобы вблизи разобрать произносимое. Напротив того, он сказал *«приклони»*, чтобы показать собственную свою немощь, то есть снизойти по человеколюбию ко мне, лежащему на земле, как человеколюбивый врач, приклоняя слух свой к больному, который от великого изнеможения не может говорить внятно, вблизи узнает нужды страждущего.

Итак, *«приклони ухо Свое мне»*. Божий слух для ощущения не имеет нужды в голосе. Бог и по движениям умеет узнавать просимое. Или не слышишь, что Моисей, который ничего не говорит, но в неизрекаемых своих воздыханиях молит Господа, услышан был Господом, и Он сказал Моисею: *«что вопиеши ко Мне»* (Исх. 14, 15)? Бог умеет услышать и праведную кровь, у которой нет языка, нет голоса, пронизывающего воздух. Явление же праведных дел пред Господом есть велегласие.

«И во дни моя призову». Мы, один день помолившись или один час, и то немного, поскорбев о своих грехах, отлагаем попечение, как будто сделали уже нечто равномерное своей греховности. Но святой Пророк объявляет, что он приносит исповедание, соразмерное всему времени своей жизни. Ибо говорит: *«во»* вся *«дни моя призову»*. Потом, чтобы ты не подумал, будто бы призывал он Бога, потому что благоденствовал в сей жизни и все дела его текли благоуспешно, описывает величие бедствий, в которых не забывал он имени Божия.

Ибо говорит: (3) *«Объяша мя болезни смертныя, беды адовы обретоша мя»*. Под словом болезни у Пророка в собственном смысле разумеются обыкновенные боли при чревоношении, когда чрево, угнетенное бременем, побуждает носимый плод к выходу вон, а потом детородные члены, сгнетенные и натянутые во время чревоношения, сотрясениями и сжатиями жил причиняют рождающим самые острые боли и жесткие мучения. Сие понятие болезней он перенес и на болезни смертные, поражающие живое существо при разлучении души и тела. Я претерпел, говорит он, не что-нибудь довольно сносное, но испытывал даже самые болезни смертные и доведен был до опасности снизойти во ад. Сие ли одно терпел он, чем хвалится, или нередко терпел, хотя то же, но невольно, тогда как вынужденное не заслуживает похвалы?

Но смотри на великодушие подвижника. Когда, говорит он, *«объяша мя болезни смертныя»* и *«беды адовы обретоша мя»*, тогда я не только не пал под тяжестью сих искушений, но даже добровольно подверг себя еще гораздо более многочисленным искушениям, как бы сам для себя добровольно изобретал скорбь и болезнь, а не против воли они постигали меня. Выше сказал: *«беды адовы обретоша мя»*, а здесь: *«скорбь и болезнь обретох»*. Так как в бедах оказался я неослабным при всех наваждениях искусителя, то, чтобы показать преизбыток любви к Богу, приложил я скорбь к скорби и болезнь к болезни, не в надежде собственною силою противостать скорбному, но потому что призвал имя Господне. Подобно сему сказанное Апостолом: *«Во всех сих препобеждаем за Возлюбльшаго ны»* (Рим.8:37).

Побеждает, кто неослабно переносит приключающееся по необходимости; препобеждает же, кто в доказательство терпения самопроизвольно навлекает на себя болезнь. Кто впал в какой-нибудь смертный грех, тот должен говорить: *«Объяша мя болезни смертныя»*, ибо сказано: всяк *«творяй грех от диавола»* рожден *«есть»* (1Ин.3:8). Когда я был делателем греха, говорит Давид, и когда носила меня во чреве смерть, тогда обретен я был бедами адовыми. Чем же исцелил я себя? Тем, что *«обретох скорбь и болезнь»* покаяния; придумал для себя терзание покаяния, соразмерное тяжести греха, и таким образом дерзнул призвать имя Господне. Что же сказал я? (4) *«О Господи, избави душу мою»*, я содержусь в плену. Ты дай за меня выкуп *«и избави душу мою»*.

«Милостив Господь и праведен». Писание с милосердием Божиим везде соединяет правду, научая нас, что и милость Божия – не без суда, и суд не без милости. Бог, и милуя, с рассуждением и мерою оказывает милосердие достойным, и судя, с пощадою нашей немощи произво-

дит суд, наказывая нас более по человеколюбию, нежели для воздаяния равным за равное. *«И Бог наш милует»*. Милосердие есть болезнование об угнетенных сверх меры их вины, ощущаемое сострадательными. Милосердуем о том, кто из великого богатства впал в крайнюю нищету, кто из крепкого телесного здоровья перешел в крайнее изнеможение, кто прежде восхищал красотою и свежестью своего тела и потом поврежден обезображивающими болезнями. Поскольку и мы некогда были славны в райском состоянии, а по причине падения стали бесславны и унижены, то *«Бог наш милует»*, видя, какими мы были и какими сделались. Посему и Адама призывал Он гласом милосердия, говоря: *«Адаме, где еси»* (Быт. 3, 9)? Ибо не извещения требовал Всеведущий, но хотел, чтобы Адам размыслил, чем он был и чем стал. *«Где еси»*, то есть какому падению подвергся ты, будучи на такой высоте?

(5) *«Храняй младенцы Господь: смирихся, и спасе»*. Понимать ли это в естественном отношении, человеческая природа не могла бы существовать, если бы сами дети и грудные младенцы не были хранимы Господом. Ибо каким образом они, носимые в материнской утробе, могли бы питаться или иметь движение, проводя жизнь в помещении столь тесном, не представляющем удобства к обращению, даже в темном и влажном месте, не имея возможности ни дышать, ни жить жизнью человеческою, но подобно рыбам плавая во влажности, если бы не поддерживало их Божие охранение? Потом, каким образом могли бы они хотя на малое время продолжать жизнь по выходе в место, для них непривычное, и, охладившись воздухом после теплоты, какая была в матерней утробе, если бы не спасал их Бог? Итак, *«храняй младенцы Господь: смирихся, и спасе мя»*. Или можешь понимать сии слова так: поскольку я обратился и стал как младе-

нец, принял Царство Небесное, как дитя, и незлобием довел себя до детского смирения, то *«храняй младенцы Господь»*, как скоро *«смирихся, спасе мя»*.

(6) *«Обратися душе моя в покой твой, яко Господь благодействова тя»*. Сам себе предлагает утешительное слово добрый подвижник, говоря подобно Павлу: *«Подвигом добрым подвизахся, течение скончах, веру соблюдох: прочее убо соблюдается мне венец правды»* (2Тим.4:7–8). То же говорит самому себе и Пророк: поскольку ты прошел уже довольное поприще жития сего, то *«обратися»* наконец *«в покой твой, яко Господь благодействова тя»*. Ибо вечный покой предстоит тем, которые в здешней жизни законно подвизались, – покой, не по заслугам дел воздаваемый, но по благодати великодаровитого Бога даруемый уповавшим на Него. Потом, не говоря еще о тамошних благах, но возвещая, как освободился от мирских тревог, благодарит за сие Освободителя душ, Который избавил его от многоразличного и тяжкого рабства страстям. Как же это?

(7) *«Яко изъят душу мою от смерти, очи мои от слез, и нозе мои от поползновения»*. Чрез сравнение с настоящим состоянием изображает будущий покой. Здесь, говорит он, *«объяша мя болезни смертныя»*, а там (Бог) *«изъят душу мою от смерти»*; здесь очи от скорби проливают слезы, а там уже нет слез, которые бы помрачали зеницы увеселяющихся красотой славы Божией, ибо *«отъят Господь Бог всякую слезу от всякаго лица»* (Ис. 25, 8); здесь много опасностей к поползновению, почему и Павел говорил: *«мняйся стояти да блюдется, да не падет»* (1Кор. 10, 12), а там стопы стоят твердо, жизнь неизменна, нет опасностей увлечься в грех, потому что нет ни плотского восстания, ни содействия жены ко греху. В воскресении нет ни мужского ни женского пола, но есть какая-то единая и единообразная жизнь для благоу-

гождающих своему Владыке и для обитающих в стране живых. Мир сей и сам смертен, и служит жилищем для умирающих. Поскольку состав видимых вещей сложен, а все сложное обыкновенно разрушается, то и мы, живущие в мире, как части мира по необходимости участвуем в естестве целого. Посему мы, человеки, многократно умираем даже прежде, нежели смерть разлучит душу с телом.

И да не покажется тебе странным сказанное, напротив того, вникни в саму действительность. В продолжение трех седмин лет человек обыкновенно испытывает три перемены и превратности в возрасте и в образе жизни и по истечении каждой седмины особый предел заключает собою прошедшее и ясно обозначает изменение. В первой седмине детский возраст оканчивается выпадением зубов; возраст отрока, способного к учению, продолжается до юношества; юноша по совершении двадцать первого года, как скоро щеки его начнут покрываться первым пухом, исчезает неприметно, из юноши изменяясь уже в мужа. Посему когда видишь мужа, в котором постепенное с годами возрастание прекратилось, рассудок уже утвердился и не осталось следа юности, тогда не заключишь ли, что прошедшее в нем умерло? И опять, старец, преобразившийся и в наружном виде и в душевных расположениях, явно становится не таким, каким был прежде. Посему жизнь человеческая обыкновенно бывает исполнена многих смертей, не только при переходе из одного возраста в другой, но и при душевных падениях в грех. А где нет ни телесного, ни душевного изменения, потому что ни рассудок не заблуждается, ни расположение не переменяется и никакое обстоятельство не нарушает постоянства и безмятежия помыслов, там – страна истинно живых, всегда подобных себе самим. В ней Пророк обещается особенно благоугождать

Богу всяческих, так как ничто внешнее не будет препятствовать ему в исполнении намерения служить истинно и равночестно с Ангелами. Сказано: *«Тщимся, аще»* в теле пребывая, *«аще отходяще»* от тела, *«благоугодни Ему быти»* (ср.: 2Кор. 5, 9). Такова страна живых: в ней нет ночи, нет сна – образа смерти, нет пищи, нет пития – сих подкреплений нашей немощи, нет болезни, нет страданий, ни врачевства, ни судилищ, ни торговли, ни искусств, ни денег – этого начала зол, предлога к браням, корня вражды. Это – страна живых, не умирающих грехом, но живущих истинною жизнию во Христе Иисусе, Которому слава и держава во веки веков. Аминь.

БЕСЕДА НА ПСАЛОМ 115-Й[71]

Вера, а не доказательство
1. (1–2) Веровах, темже возглаголах, аз же смирихся зело. Аз же рех во исступлении моем всяк человек ложь. Вера, как это надо понимать о Божиих словесах, есть [именно] вера, а не доказательство. Вера влечет душу помимо всяких логических методов [доказательства] к [внутреннему] согласию [на Богопочитание]; вера рождается не логической доказательностью 72 [умозаключений], но действиями Духа. Во имя Господа Иисуса Христа Назарянина встань и ходи (Деян.3:6). И за этим гласом следует так же и дело, [совершаемое] посредством Духа. У видевших это чудо родилось необходимое принятие веры в Божество Единородного. И что еще [может быть более] убедительным для [внутреннего] согласия [веры]? Сплетения наружного блеска, последовательное [логическое] умозаключение, сами собой влекущие [к этому согласию], или такое чудо ясно видимое и превосходящее человеческую силу? 73 Но теперь это не в чести, и верят [уже] не делам Духа, о которых говорит слово Божие, но искусным доказательствам, имеющим опору в мирской мудрости, а не в откровении Духа в силе и очевидности, которое произошло через тех, что в простоте сердца бесхитростно поверили Богу и стали спасением ради [спасения] многих. Но и мне следует верить достойно, чтобы я говорил теперь этой великой Церкви

Божией пять слов моим умом (1Кор.14:19). И пусть никто не посмеется над [нашей] речью, что мы без [всякого] исследования побуждаем слушателей поверить в то, о чем говорим. Ибо обязательно, чтобы у каждой науки ее начала для учащихся были неподвластны исследованию, так как для тех, кто препирается еще о том, что лежит в начале, невозможно пройти [определенным] путем и по порядку до конца [того или иного предмета]. Этому же стоит научиться тебе и из внешних наук. Ибо если не согласишься с первыми началами геометрии, то невозможно завершить до конца и последующее. И тот, кто в арифметике противопоставляет себя первоначальным принципам и элементарным [понятиям], лишает себя пути также и к тому, что следует из них дальше. Точно так же недоказуемы и начала врачебного искусства. И в целом, в каком ли занятии мы ни последуем [четким] путем и по порядку к цели, [увидим, что] невозможно представить в доказательствах первые положения, но необходимо, чтобы первоначала разумных искусств как происходящие из гипотез следствия принимать без исследования, но наблюдать [уже] то, что следует из них [далее]. Так же и таинство богословия ищет внутреннего согласия из неисследующей веры. Ибо надобно, чтобы [приходящий к Богу] веровал, что Он есть (Евр.11:6), как говорит [апостол], а не препираться о том, каков Он есть [Сам по Себе]. И вообще, если вера есть осуществление ожидаемого и уверенность в невидимом (Евр.11:1), то не люби спорить, чтобы видеть уже и остальное то великое, что отложено [на будущую жизнь], и не подвергай сомнению из-за того, что пока еще не смог постичь своим познанием то, во что поверил.

2. Все же это [сказано мной] о вере ради сражающихся из-за слов и питающих надежду в пустых речах. Как мне кажется, этот псалом заключает в себе и последователь-

но развивающуюся далее мысль. Ибо там сказано: благоугожду пред Господом во стране живых (Пс.114:9). Поскольку здесь говорится не о видимой земле, как это ясно и понятно, то причину здесь следует искать в различении неявного, говоря «Верую, что есть страна живых», поэтому он и сказал: Благоугожду в ней пред Господом. В целом же душа, собирающаяся говорить без веры, будет болтать попусту ничего не вкладывая [при этом] в слово. Итак, начало слова разумного вера, крепко утвержденная в сердце говорящего. Затем [пророк Давид свидетельствует о том,] как нам возможно достичь последующего совершенства в вере, говоря: Аз же смирихся зело. Ибо кто не смирил свою мысль и говорит, подражая апостолу: братия, я не почитаю себя достигшим (Еф.3:13), но, питая замыслы о постижении сущности Божией, пытаясь собственной мыслью измерить непостижимое и помышляя, что Бог таков настолько, насколько позволяет ему думать его помысл, и что он [будто бы] уже постиг, и вообще, кто делает мерой сущего собственный ум, не рассуждая, что скорее возможно малой чашкой измерить все море, чем человеческим умом объять неизреченное величие Божие, тот необдуманно раздувается от гордости и превозносится суетностью своего ума и оказывается не в силах сказать: веровах, темже возглаголах, потому что не может принять и последующее: аз же смирихся зело, связав себя самомнением и превозношением и гордясь пустыми словами, а силу, которая происходит от веры, не приобретя. Затем [пророк] и не только себя смиряет, но и всю общую природу человечества. Аз же рех во исступлении моем, говорит, всяк человек ложь. Так что тот, кто ищет опоры не в вере, но от себя приступает к учению о Боге и дерзает на постижение истины [одними лишь] человеческими силами, тот лжец и гораздо более отпадает от истины.

3. Эту речь, как говорит он, рех во исступлении. Что же такое исступление? То есть рассматривая человеческое естество и исследуя, есть ли где-нибудь между людьми какая-нибудь правда, и нигде ее не найдя без Божией помощи, и изумившись этому неожиданному обстоятельству, [Давид] восклицает: всяк человек ложь. Или в том самом исступлении, которым он притворился перед Анхусом, разыграв эпилепсию и сумасшествие (1Цар.21:10), после того как понял, что ему необходимо наговорить на самого себя, и изобразил то, чего не было на самом деле, чтобы избежать опасности от врагов, и тогда рех, говорит, что всяк человек ложь, и если и не по свободной воле прибегая ко лжи, то, с другой стороны, и не во зло ближним, но во всяком случае по причинам [грозившей ему] опасности. Ибо на самого себя вопреки разуму пророк не кидался, как некоторые софисты обвиняли его, чтобы уличить, но, наоборот, сами подпадали под то обличение, что говорили против пророка. Ибо если всяк человек ложь, а [раз] Давид тоже человек, то ясно, что и он тоже лжец, а если лжец, то и не веруй ему, что он таков, каким кажется. Но если [предположим,] это слово не истинно и не всякий человек лжец, то оставим Давиду вину его лжи. Если же он не лжет, то поверим ему и в том, как он сам нам является, поверивши же, вновь вводимся в необходимость не доверять. Так что если правду говорит Давид, то освобождает [от подозрения] речь свою, так как он тоже человек и не лжет. Если же лжет, то само собой, ему не стоит и верить, ибо кто будет верить говорящему неправду? Так что когда он один раз объявил, что всяк человек ложь, то тогда пусть будет лжецом и Давид, чтобы поверить его слову, или если он говорит правду, то удали отрицание. Но это для играющих [в силлогизмы] и для тех, которые гордо услаждаются словесными оборотами в присут-

ствии вещей беспредельных, но истинное не таково. Ибо [здесь] говорится о тех людях, которые еще одержимы человеческими страстями; тот же, кто стал уже превыше плотских страстей и через совершенство ума вошел в ангельское устроение, тот, когда говорит о свойственном [обычным] людям, то себя, очевидно, исключает из числа остальных. Ибо не ложен сказавший: Азрех бози есте и сынове Вышняго вси. Вы же яко человецы умираете (Пс.81:6–7). [Слова] бози есте к кому же иному, как не к Давиду относятся? Ибо если сын Вышняго тот, кто через добродетель усвоил себя Богу, то [таковой уже] не умирает как человек, но живет, имея в себе Бога.

Чаша спасения

4. Аз жерех во исступлении моем: всяк человек ложь. Пусть послушают те, кто смешались с плотью посредством страстей, ум же свой вознесли к сверхмирному и помыслы свои убили, а возношение сердца их стало выше Бога, и это общая цель у всех тех, кто воюет против благочестия. (3) Что воздам Господеви о всех, яже воздаде ми? (4) Чашу спасения прииму. Прийдя в чувство от осознания [бесчисленного] множества даров Божиих, [таких как:] что Он привел нас из небытия в бытие, что, создав из земли, почтил разумом, в котором и можем мы носить образ небесного (1Кор.15:49); затем, что, заботясь о Домостроительстве [Спасения] всего человеческого рода, Господь Самого Себя дал в искупление за всех нас, [однако также] вопрошает и ищет во всех принадлежащих Ему, не найдет ли Он что-нибудь достойное сего дара Господня. Что воздам Господеви?

Ни жертвы, ни законного служения [ветхозаветного] богопочитания, но саму свою жизнь, и поэтому говорит: чашу спасения прииму – то есть страдание в борьбе за благочестие, в противостоянии греху даже до смерти, я думаю, что это и есть чаша. Об этом и Сам Спаситель учил в Евангелии: Отче, если возможно, да минует Меня чаша сия (Мф.26:39).

А ученикам говорил так: Можете ли пить чашу, которую Я буду пить? (Мф.20:22), имея в виду ту смерть, которую Он принял за спасение мира. Посему и говорит: чашу спасения прииму, то есть сказуя: «Жаждя, Я гряду к совершению свидетельства, к успокоению души и тела, принимая мучение не за наслаждение, но в борьбе за благочестие». Себя же, говорит, приношу в жертву и приношение Господу, поскольку все полагаю меньшим достоинства Благоделавшего [мне]. И эти возвещения с готовностью имею от свидетеля воздать всему народу. (5) Молитвы моя [Господеви] воздам пред всеми людьми Его. И затем поощрение слушающим, чтобы не боялись смерти: (6) честна пред Господем смерть преподобных Его. [Этим он как бы] говорит: «Вы люди участники прекрасного состязания, не робейте перед смертью, ибо это не тление, но начало жизни, не совершенное исчезновение, но переход в славу». У людей любящих богатство, так повелось, что некоторые камешки, сверкающие разноцветным блеском, называются «честными» (драгоценными). И поистине честна пред Господем смерть преподобных Его. Если душа, проводившая чистую жизнь, свободная от плотских осквернений, не имеющая ни пятна, ни морщины, прославленная в борьбе за благочестие и стяжавшая венец праведности, сверкающий красотой многих добродетелей, предстанет Владыке и Судии всех, окажется еще более сверкающей от сияния благодати, то как же может не быть честна пред Господем смерть такого человека? Посему не будем скорбеть об исходе из этого мира мужей преподобных, но скорее [будем переживать это] как рождение и переход в иную жизнь. Ибо вход в этот мир законоположен нам необходимостью естества через бесчестие нечистоты и зловония посредством плотского рождения. Выход же и переход отсюда честен и светел, но не у всех, а у живших преподобно и праведно в здешней жизни. Честна... смерть, но не честно у людей рождение. Сеется в уничижении, восстает в славе, сеется в тлении, восстает в нетлении (1Кор.15:43, 42). Итак, сравни с рождением смерть и перестань оплакивать тех, кто изменился из бесчестия [в славу]. Так что умерли они не по-иудейски, став отвратительной мертвечиной, потому что за Христа смерть честной удел преподобных Его. Посему [и было] сказано священникам и назореям: прикасаяйся мертвечине его, нечист будет до вечера и да измыетризы своя (Лев.11:39, 40). Теперь же прикасающийся к костям мученика получает и некоторое причастие освящения той благодатью, которая обитает в теле [святого]. Итак, честна пред Господем смерть преподобных Его. Посему не предпочитайте многочестное бесчестному и не будьте сообщниками дурных, предпочитая тленную жизнь состоянию нетленному и блаженному. Не поддавайтесь страстям бесчестия, которым подпадают многие из любителей наслаждения, которые и жизненные блага, и величие души сжигают и порабощают ее, увлекая к служению плоти. Ибо где рабство, там и бесчестье. Итак, должно избегать жизни, соединенной с бесчестьем.

5. Ничего большего не смогу, говорит, сотворить, чем самого себя воздам Владыке. Ибо (7) аз раб Твой и Твоя собственность, так как вообще сотворенное является рабом своему Творцу, и рабом не только по произволению, но и по природе. Ибо еще во младенчестве, когда аз сын рабыни Твоея был еще дитя, обманом захватил меня в плен враг и, похитив меня из Твоего рабства, сделал рабом греха. Но обращусь и прибегну к изначальному Господину и познаю [вновь] рабство первоначальное (т. е. служение Богу). Растерзал еси узы моя. Поскольку [Ты, Христе] избавил меня от оков, сойдя во ад, и изба-

вив, освободил связанное и пребывающее в неизбежных темницах [ада] человечество от смерти, то Тебе поэтому приношу в жертву ни парнокопытных четвероногих, жующих жвачку, ни чистых птиц, или лепешки приготовленные на масле, или славный ливан, или фимиам этого состава (ибо все это приносится от земли Владыке), но есть у меня особенное достояние и порождение моего собственного сердца, из которого я и вознесу хвалебное славословие, из моего помышления, словно с какого-то жертвенника. (8) Тебе воздам жертву хвалы, которая Тебе неприступному и совершенному Богу предпочтительнее бесчисленных всесожжений. [Тебе], не требующему телесных жертвоприношений, которыми изобилуют более богатые, но исповедание [происходящее] из внутреннего расположения и от правдивого сердца, которое в равной степени доступно всем желающим. (9) Молитвы моя [Господеви] воздам пред всеми людьми Его. Принося Тебе в жертву хвалу, не как стыдящийся, тайком и в скрытом месте, избегая порицаний нечестивых, принесу Тебе жертву, но принесу Тебе некоторую жертву всенародную, делая и весь народ общником [этого] поклонения. Место же нам будет уделено для жертвоприношения посреди, и даже более знаменитое, чем Иерусалим. Послушайте вы, покидающие Церковь и убегающие в обычные дома, жалкие обломки Честного Тела [Церкви], что молитвы должно воздавать посреди Иерусалима, то есть Церкви Божией. Ибо не так как в древнем богопочитании, когда каждый сам себе мастерил жертвенник [где хотел], но в едином и явном месте для всех, желающих совершить жертвоприношение. Ты же возводишь алтарь супротив жертвенника отцов и возжигаешь на нем чуждый огонь (Лев.10:1), не вразумляясь древним примером людей, развращенных умом, и оскверняясь вместе с ними. Бегите же от подражания таковым, вы народ Божий, и не отделяйтесь от части спасаемых, пребывая в вере, совершенствуясь в заповедях Господа, Которому слава и держава во веки веков. Аминь.

БЕСЕДА НА ПСАЛОМ 132-Й

Послушай, что говорит Давид в псалме: (1) Се что добро, или что красно, но еже жити братии вкупе? Ибо он радовался об успехах не своих только ближних, но возрадовался и о благоустроенности других. Как и сам же Псалмопевец в другом месте высказывает и заботу о спешащих на богослужение: Возвеселихся о рекших мне: в Дом Господень пойдем. Стояще бяху ноги наша во дворех твоих, Иерусалиме (Пс.121:1–2). [Посему] видя братское собрание все вместе и наслаждаясь братским расположением, возопил, говоря так: се что добро, или что красно, но еже жити братии вкупе? Причина, которая по Божией заповеди собирает братьев к согласию и ведет к единству, имеет в себе непреодолимое благо, и от этого блага не сможет отделить ничто [другое] приятное. Ибо каждый из нас приходящих и вкусивших любви к ближнему приходит в великую сердечную радость. Посему далее он и говорит последовательно: се что добро, или что красно, но еже жити братии вкупе? (2) Яко миро на главе, сходящее на браду, браду Аароню. Ясно, что души святых передают нам бестелесную и духовную помощь благодати, с небес от Спасителя изливающейся на Церковь. (3) Яко роса Аермонская сходящая на горы Сионские. Ибо словно дождь, проливающийся на гору Ермон, придает ей многое великолепие, так и умопостигаемый дождь, невидимо проливающийся на горы Сионские, собирает отовсюду братьев воедино, давая их душам соразмерную пользу. Ибо о таком Божественном дожде, уподобляющемся энергиям Святого Духа, рассуждая, пишет [пророк] Исаия: Ибо роса, яже от Тебе, исцеление им есть (Ис.26:19). Итак, яко роса Аермонская сходящая на горы Сионские, яко тамо заповеда Господь благословение и живот до века. [Что] Господь часто провозглашал и Моисей говорит: Сохранит и Господь Бог твой тебе завет и милость, якоже клятся отцем вашим, и возлюбит тя, и благословит тя и умножит тя, и благословит плод чрева твоего и плод земли твоея (Втор.7:12–13). И добавляет, говоря: живот до века. Итак, се что добро, или что красно, но еже жити братии вкупе как вам и было провозглашено: один Господь, одна вера, одно крещение, один Бог и Отец всех, Который над всеми, и через всех, и во всех нас (Еф.4:5–6). Се что добро, или что красно, но еже жити братии вкупе не только в телесном жилище, но также и в святом и духовном. Ибо [Господь] говорит: дом Мой домом молитвы наречется (Мф.21:13). Но и мы, просвещаясь [Духом], удостаиваемся этого [самого] мира. Ибо всех нас помазал Своей праведностью Христос, Спаситель наш, через Которого и вместе с Которым Отцу и Святому Духу слава и великолепие во веки веков. Аминь.

ПРИМЕЧАНИЯ

1 – Пс 38:13.

2 – См. Быт 23:16; Деян 7:16.

3 – Евр 12:22–23. Синодальный перевод: Но вы приступили к горе Сиону и ко граду Бога живаго, к небесному Иерусалиму и тьмам Ангелов, к торжествующему собору и церкви первенцев, написанных на небесах.

4 – Пс 41:5. Текст цитируется по Септуагинте.

5 – Пс 83:2.

6 – Лк 16:9.

7 – Ин 17:24. Синодальный перевод: Отче! Которых Ты дал Мне, хочу, чтобы там, где Я, и они были со Мною.

8 – Ис 40:13. Синодальный перевод: Кто уразумел дух Господа?

9 – Ис 33:14. Текст Септуагинты. Синодальный перевод: Кто из нас может жить при огне пожирающем?

10 – Там же. Текст Септуагинты.

11 – Лк 12:42.

12 – Пс 14:2.

13 – Втор 16:20. Синодальный перевод: Правды, правды ищи.

14 – В греческом языке понятия «правда, праведность, справедливость» выражаются одним общим словом dikaiosЪnh . – Пер.

15 – См. 2Тим 2:15.

16 – Пс 14:2,3. Синодальный перевод: ...говорит истину в сердце своем; кто не клевещет языком своим.

17 – Мф 12:34.

18 – См. Ин 14:6.

19 – Ис 53:9. Синодальный перевод: И не было лжи в устах Его.

20 – Пс 11:4. Синодальный перевод: Истребит Господь все уста льстивые.

21 – Притч 12:20.

22 – Пс 14:3. Синодальный перевод: Не делает искреннему своему зла.

23 – Лк 10:29.

24 – Лк 10:36,37.

25 – Пс 14:3. Синодальный перевод: И не принимает поношения на ближнего своего.

26 – Сир 8:6.

27 – См. 2Тим 4:2.

28 – Пс 14:4. Синодальный перевод: Тот, в глазах которого презрен отверженный.

29 – Пс 127:1. Синодальный перевод: Блажен всякий боящийся Господа.

30 – Пс 14:4. Синодальный перевод: Клянется, хотя бы злому, и не изменяет.

31 – Мф 5:34.

32 – Исх 20:14.

33 – См. Мф 5:28: Всякий, кто смотрит на женщину с вожделением, уже прелюбодействовал с нею в сердце своем.

34 – Исх 20:13.

35 – См. Мф 5:22.

36 – Пс 118:6.

37 – Пс 109:4.

38 – Мф 5:37.

39 – См. Быт 42:15.

40 – 1Кор 15:31. Синодальный перевод: Свидетельствуюсь в том похвалою вашею.

41 – Мф 5:42.

42 – Деян 4:34,35.

43 – Мф 25:35.

44 – Мф 5:42.

45 – Притч 19:17. Синодальный перевод: Благотворящий бедному дает взаймы Господу.

46 – По славянскому переводу: «в теле сем».

47 – По славянскому переводу: «телеси твоему».

48 – По русскому переводу: «мы играли на свирели».

49 – Перевод «Беседы на псалом тридцать седьмой» и примечания выполнены для настоящего издания П.К. Доброцветовым. – Ред.

50 – Букв.: атлет. – Ред.

51 – В Синодальном переводе: Ибо стрелы Вседержителя во мне; яд их пьет дух мой – не совсем точен, возможен также и вариант перевода: «.ярость их выпивает моя кровь». – Ред.

52 – В одной из рукописей «жизненные» (βιωτικών). – Ред.

53 – Т е. по одному из дошедших вариантов перевода Ветхого Завета на греческий язык. – Ред.

54 – Перен.: скрепя сердце. – Ред.

55 – С греческого: «о измениться хотящих».

56 – См.: 1Цар. 25, 3. По славянскому переводу: «человек зверонравен».

57 – Аквила.

58 – Феодотион.

59 – Симмах.

60 – Аквила.

61 – Тὸ πρόβλημα – вопрос, задача.

62 – Так в оригинале. – /Ред./

63 – Εξιλασμ – умилостивительная жертва.

64 – В тексте Семидесяти и у свт. Василия: ἄνους, подобозначащее слову ἀνόητος (несмысленный).

65 – У Семидесяти и в славянском переводе читается: «положени суть».

66 – У Семидесяти и в славянском переводе: «внидет».

67 – В славянском переводе: «своих».

68 – Так переводит Аквила.

69 – Это по переводу Симмаха.

70 – Симмах.

71 – Перевод «Бесед на псалмы сто пятнадцатый и сто тридцать второй» и примечания выполнены для настоящего издания П. К. Доброцветовым. Ред.

72 – Букв.: геометрической необходимостью. Ред.

73 – Ср.: Свт. Афанасий Великий. Житие св. Антония, 74. – Ред.

СВЯТИТЕЛЬ ВАСИЛИЙ ВЕЛИКИЙ

Святитель Василий Великий, епископ Кесарии Каппадокийской, занимает особое место среди Отцов Церкви, будучи одним из трёх Вселенских святителей. Он родился около 330 года в Каппадокии, в благочестивой и знатной семье. Его бабушка, Макрина Старшая, была ученицей Григория Чудотворца, а мать, Емелия, происходила из рода мучеников. Семья Василия выделялась глубоким благочестием: его братья Григорий Нисский и Пётр Севастийский, а также сестра Макрина Младшая, также причислены к лику святых.

Василий получил блестящее образование. После обучения в Кесарии он продолжил учёбу в Константинополе, а затем отправился в Афины, которые считались центром античной науки и философии. Там он познакомился с Григорием Богословом, и их дружба стала символом духовного братства. Будучи сведущим в философии, астрономии, медицине и риторике, Василий возвратился в родные края как образованный человек, готовый служить Церкви.

В юности святитель был очарован светской карьерой, но впоследствии, под влиянием сестры Макрины и собственных духовных поисков, обратился к аскетической жизни. Около 358 года Василий крестился и отправился в путешествие по монастырям Сирии, Палестины и Египта, чтобы приобщиться к духовному опыту древних подвижников. Вернувшись в Каппадокию, он основал монашескую общину в Понте, где следовал строгому аскетизму, питаясь хлебом и водой и спя на голой земле.

Своё монашеское служение он описал в «Аскетических правилах», ставших основой для восточного монашества. Василий считал, что монахи должны жить в общинах, чтобы помогать друг другу в духовной жизни. Это подходило его представлениям о братской любви и служении.

Василий Великий был не только великим аскетом, но и деятельным пастырем. В 364 году он стал пресвитером в Кесарии, а в 370 году был избран епископом. Он посвятил себя борьбе с арианской ересью, поддерживая чистоту православного учения. Император Валент, приверженец арианства, неоднократно пытался сломить Василия, но святитель твёрдо стоял в вере. Он активно занимался организацией помощи бедным и учреждением богаделен и больниц, что стало ярким примером его заботы о ближних.

Труды Василия Великого отличаются широтой тем и глубиной богословской мысли. Он разработал учение о Пресвятой Троице, которое оказало значительное влияние на догматическое богословие. Его «Божественная Литургия» и сегодня служится в православных храмах. Среди экзегетических произведений Василия выделяются «Беседы на Шестоднев» и «Беседы на псалмы».

В своих беседах святитель раскрывает духовную и нравственную глубину псалмов. Он учит, как правильно молиться, и объясняет, что каждый псалом содержит молитву, славословие и наставление. «Беседы на псалмы» – это не просто толкование, а живое руководство по духовной жизни, в котором Василий показывает, как применять священные тексты в повседневной практике.

Святитель скончался 1 января 379 года, не дожив до Второго Вселенского Собора. Его смерть оплакивали многие, ибо он был светом для всей Церкви. Его труды остаются не только ценным наследием богословской мысли, но и руководством для каждого верующего, стремящегося к праведной жизни.

Православная библиотека – Orthodox Logos

- *Песня церкви - Праведники наших дней* – Артём Перлик
- *Сказки* – Артём перлик
- *Патристика* – Артём Перлик
- *Следом за овцами - Отблески внутреннего царства* – Монахиня Патрикия
- *Откровенные рассказы странника духовному своему отцу*
- *Семь слов о жизни во Христе* – праведный Николай (Кавасила)
- *О молитве* – святитель Игнатий (Брянчанинов)
- *Об умной или внутренней молитве* – преподобный Паисий (Величковский)
- *В помощь кающимся* – святитель Игнатий (Брянчанинов)
- *Христианство по учению преподобного Макария Египетского* – преподобный Иустин (Попович), Челийский
- *Философские пропасти* – преподобный Иустин Челийский (Попович)
- *Священное Предание: Источник Православной веры* – митрополит Каллист (Уэр)
- *Толкование на Евангелие от Матфея* – святой Феофилакт Болгарский, архиепископ Охридский
- *Толкование на Евангелие от Марка* – святой Феофилакт Болгарский, архиепископ Охридский
- *Толкование на Евангелие от Луки* – святой Феофилакт Болгарский, архиепископ Охридский
- *Толкование на Евангелие от Иоанна* – святой Феофилакт Болгарский, архиепископ Охридский
- *Таинство любви* – Павел Евдокимов

- *Мысли о добре и зле* – святитель Николай Сербский (Велимирович)
- *Миссионерские письма* – святитель Николай Сербский (Велимирович)
- *Живой колос* – праведный Иоанн Кронштадтский (Сергиев)
- *Дидахе. Учение Господа, переданное народам через 12 апостолов*
- *Домострой* – протопоп Сильвестр
- *Лествица или Скрижали духовные* – преподобный Иоанн Лествичник
- *Слова подвижнические* – преподобный Исаак Сирин Ниневийский
- *Миссионерские письма* – святитель Николай Сербский (Велимирович)
- *Точное изложение православной веры* – преподобный Иоанн Дамаскин
- *Беседы на псалмы* – святитель Василий Великий

www.orthodoxlogos.com

www.ingramcontent.com/pod-product-compliance
Lightning Source LLC
Chambersburg PA
CBHW060558080526
44585CB00013B/611